나의 삶, 나의 꿈

김종부 자전에세이

김종부의 인생 이야기

도서출판 경남

책머리에

겸손과 열정이란 신념으로

공직 38년간을 온몸으로 겪고 부딪쳐오면서 공직자의 제1덕목이라 믿고 실천하고자 노력한 것은 겸손과 열정이었습니다. 저는 공무원으로 재직하면서 여러 행정기관에서 근무했습니다. 말단이라 할 면사무소 서기로부터 시작하여 군청, 도청, 중앙부처 행정기관까지…….

한마디로 말할 수 없습니다만 어느 곳이나 힘에 벅찬 험로였고, 언제나 온 힘을 다하지 않으면 안 되었습니다. 전심전력으로 맡은 바 업무에 충실하고자 연찬하고 사람을 만나고 설득하고 이해를 구해야만 저에게 주어진 임무를 완수할 수 있었습니다. 그래서 언제나 열심히 하면 안 되는 일은 없다는 것을 깨닫게 되었습니다.

오늘날 이렇게 저의 지난날을 회고하고 반성하는 책을 내고자 결심한 배경에는 아직도 모자람이 있고 혹시 넘치는 게 있지 않은가 하는 숙고의 기회를 가지고자 함입니다. 또 잘 알려지지 않은 역사들을 정리하여 묶어내는 것이 후배들을 위해서 내가 해야 할 일이라고 생각했기 때문입니다.

 저는 스스로 복이 많은 사람이라고 생각합니다. 열정으로 열심히 일하니까 뜻이 이루어진다는 진리도 배웠습니다. 이제 돌이켜 보면 저를 도와주신 분이 한두 분이 아니란 사실을 깨닫게 됩니다. 그런 소중한 인연들, 항상 저를 사랑해 주시는 분들이 있었기에 오늘의 제가 있다고 믿습니다. 머리 숙여 감사를 드리면서 앞으로도 관심과 성원이 계속되기를 바라는 마음입니다.

 이 조그만 책에 보잘것없는 내용이나 횡설수설한 면도 있을 것입니다. 그러나 38년간의 공직 생활에서 얻은 내용들이므로 겸손과 열정을 가졌던 한 사람으로 기억되었으면 하는 소망을 가져봅니다. 감사합니다.

2017년 가을에
김종부

나고 자란 고향인 한산면 창좌리 창동마을

통영사람
김종부의
인생화보

결혼 전 한산섬 집에서(왼쪽부터 부모님, 형제들)

한산초등학교 졸업기념(1964. 2. 7)

통영사람 **김종부**의 인생화보

중·고등학교 시절의 모습

한산교 32회 동창회 기념(1969년)

통영사람 김종부의 인생화보

한산면사무소에 근무하던 젊은 시절, 친구와 함께

생전의 어머니와 함께
(1971. 5)

도지사 수행비서 시절
충무시 운하교에서 도시개발에 관한 브리핑을 받고 있는 최종호 도지사와 함께

통영사람 **김종부**의 인생화보

재일본한국대사관에서
왼쪽부터 변주호 경남도민회 간부, 이규효 도지사, 이상진 주일공사(고성 출신),
이중 경남신문사 사장, 필자(1982)

김혁규 도지사로부터 비서실장 임명장을 받는 모습(2002. 2)

통영사람
김종부의
인생화보

농협 운영자문위원회

도청 농수산 국장 시절, 욕지면 유동마을과 자매결연(2006. 11. 9)

통영사람
김종부의
인생화보

남북농업교류사업차 평양 방문
장교리 협동농장 포플러 기념식수를 한농연 경남 이현호 회장과 함께

경남도 농수산국장 시절, 축산사업 설명회를 갖고 있다(2007. 3. 5)

통영사람
김종부의
인생화보

마산부시장 시절 경남도민체육대회 폐막식(마산시 종합우승)

창원부시장 시절

통영사람 **김종부**의 인생화보

사랑하는 가족과 함께

차례

책머리에 · 2
통영사람 김종부의 인생화보 · 4

제1장 내 고향 한산섬

섬들의 천국에서
두 개의 태양이 뜨는 한산섬 · 18   집안의 장손으로 태어나서 · 19
나의 어린 시절 · 20   중학교 학창시절 · 21

더 단단해지려면 고통을 감내하라
자취생활로 보낸 고교시절 · 23   가장 힘들었던 세벌 논매기 · 24
아버지의 잠수기 사업 · 26

제2장 세상으로 첫걸음

세상은 만만치 않고 냉혹하다
첫 번째 취업시험 낙방 · 30   쓸쓸한 고교 졸업식 · 31
두 번째 도전 공무원시험 · 34   나의 운명이 공무원인가? · 35
부산 자갈치 시장에서 · 36

한산면사무소의 신참 공무원 생활
발령은 쉽게 나지 않고 · 38   공무원 첫 출발은 한산면사무소 · 40
낮에는 출장, 밤이면 야근 · 41   어머니가 싸 주신 도시락 · 42

제3장 열정으로 미래를 향해

초년 고생 여전했던 통영군청
멘토는 멀리 있지 않다 · 46　한산섬을 떠나 더 큰 세상으로 · 48
새마을 운동의 기수가 되다 · 49　새마을 담당으로 얻은 영광 · 50
또 다른 멘토를 만나다 · 52

어렵고 힘들었던 도청 근무
혼선 - 서로 다른 발령 · 56　열심히 일해 인정받자 · 58
한해 대책으로 밤을 지새고 · 59　도지사 비서실에서 · 61

제4장 지금은 말할 수 있다

이제야 말할 수 있는 비사(秘史)
새벽의 비상 - 1979년 10월 27일 · 66
의령 궁유 경찰관 총기난사사건 · 69

장남의 책임과 힘든 세월
부산 생활의 애환 · 73　장남으로서 힘든 세월 · 76
이사를 자주 다녔던 시절에 · 78

경남도청 이전과 유치운동
경남 역사 속의 도청 이전 · 81　도청 유치 운동 · 83
묵은 숙제 해결 기회 도래 · 87　도청은 제3의 창원 신도시로 · 88

제5장 경남도정 창원시대가 열리다

도청 창원 이전 숨은 이야기
도청 소재지는 창원으로 · 92   도청 이전 숨은 이야기 · 96

도지사 관사 건립 이야기
늦어진 도지사 관사 신축 · 110   지사 관사가 '도민의 집'으로 · 113

도청 창원 이전의 주역 두 도지사
도청 창원 이전의 두 주역 · 116

제6장 도전과 모험의 세월

대망의 서울에서
내무부차관 비서관 시절 · 122   건설부장관 비서관 시절 · 124

해외 출장과 견문 넓히기
첫 해외 출장은 일본 · 126   태국과 중동 방문 · 129
아시아와 아프리카 방문 · 134

태풍 셀마와 통영죽림지구 매립
태풍 셀마와 시대의 흐름 · 138   죽림지구 매립과 통영읍 복원 구상 · 141

제7장 멸사봉공의 길

도민과 함께한 세월
다시 경남도청에서 · 146　예산확보에 총력을 다하고 · 149
전국 처음 셋째 아이 출산장려수당 지원 · 151

평양을 오간 남북교류협력사업
남북 농업교류사업과 1차 평양 방문 · 154
실무진의 방북 – 개성회담 · 160　제2차 도민대표단 평양 방문 · 163

열정과 겸손으로 봉사하며
혼신을 다하는 공직자로 · 165
열정을 다한 통합 창원시 부시장 · 170

제8장 나의 생각 나의 대화

국기에 대한 존엄성 · 176
나의 공직관 – 인간미 넘치는 공무원 · 180
간도협약 100년, 안중근 의거 100년 · 185
30년의 의미 · 191
건달과 공무원이 만나면 · 193
고위공직자의 덕목 · 196

제9장 동양의 나폴리 통영

통영에서 돈자랑 하지 말라 • 200
별처럼 빛나는 통영의 섬들 • 204
통영에 진정 봄이 왔는가? • 208
문화·예술인의 산실 통영 • 211

제1장

내 고향 한산섬

한산섬의 관문 제승당 수루

한산도 제승당을 찾는 방문객들은
제일 먼저 이순신 장군의 시조에 나오는
수루를 만난다.

섬들의 천국에서

두 개의 태양이 뜨는 한산섬

「한산섬 달 밝은 밤에 수루에 혼자 앉아……」 한산섬에는 충무공이란 태양과 저 하늘의 태양, 곧 두 개의 해가 떠오른다는 말이 널리 알려져 온다.

그렇다. 한려해상국립공원의 출발점이라 할 한산섬은 그냥 통영시에 있는 일개 섬이 아니라 소중한 역사의 현장이요 민족 자존의 성지임에 틀림없다.

임진왜란의 유적과 이야기가 지금도 발길 닿은 곳마다 살아 있는 한산섬에서 나는 태어나고 자랐다.

그래서 이 충무공은 바로 나를 가르치고 나라사랑을 가지게 하고 실천하게 하는 절친한 나의 할아버지요 스승이었다.

초등학교 시절 제승당을 자주 다녔다. 초등학교 6년 내내 봄, 가을 소풍 장소는 고정적으로 제승당이었다. 학교에서 산길을 따라 걸어가면 1시간 정도 걸렸다. 그곳에 가면 장검을 짚고 선 이 충무공을 만나 뵐 수 있었다. 그리고 선생님으로부터 충무공의 혁혁한 무용담을 언제나 들을 수 있었다.

1960년대 그 시절에는 소나무에 어른 손가락만 한 크기의 송충이가 많았다. 그걸 잡지 않으면 송충이가 솔잎을 갉아먹어 나무가 고사하는 피해를 입었기 때문에 학생들이 동원되어 송충이를 잡으러 제승당으로 자주 가곤 했다.

오늘날 제승당을 찾는 사람이면 누구나 빽빽하게 들어찬 아름드리 해송 풍치림을 만날 것이다. 그 해송들이 튼튼하게 자랄 수 있었던 것은 당시 송충이를 잡으러 다녔던 한산도 초·중학교 학생들의 노력과 정성이 있었기 때문이라 생각한다.

어린 우리들이 가난과 싸우기에도 버거웠던 그 시절, 주민들이 힘과 정성을 모아 제승당의 숲을 지켜냈다는 자부심과 긍지는 한산섬 주민들의 가슴속에 지금도 잘 간직되어 있다.

집안의 장손으로 태어나서

나는 김해 김씨로 태어났다. 우리 집안은 한산면에서 대대로 여러 다른 집안 가족들과 함께 살아왔다.

한산도에 우리 집안이 처음 살게 된 것은 1592년 임진왜란이 일어나고 100여 년 후인 1700년경이었다고 전해 온다. 지금으로부터 약 300년 전으로 통훈대부 행장흥부사(通訓大夫 行長興府使)를 지내신 10대조 할아버지(현추 : 顯字, 秋字)가 처음 들어오셨다.

나의 직계 선조인 5대 고조부 할아버지께서는 남형제 다섯 중 셋째였으며, 증조부, 조부께서는 독자(외아들)였다. 부친께서는 2남 1녀 중 장자이시다. 그리고 우리 형제는 5남 1녀 6명인데, 내가 큰아들이니 집안의 장손인 것이다.

아버지는 할아버지로부터 배우신 한학으로 어려서부터 학문에 관심이 많으셨다. 그런 연유로 1950년대 초에 한산면 사무소에 촉탁(임시직) 공무원을 시작하여 서기로 근무하셨다. 1968년 퇴임 때는 부면장이셨다.

나의 어린 시절

한국전쟁이 한창이었던 1952년 1월, 통영시 한산면 창좌리 창동 701번지에서 나는 태어났다. 5대 종손으로, 5남 1녀 중 장남이었다.

동리 사람들 대부분이 어렵고 힘들게 살던 시절이었으니 우리 집도 고구마를 주식으로 생활해야 하는 섬사람들과 별반 다름없이 가난했다.

아버지는 면사무소 서기로 재직하셨으니까 다른 집보다 조금 여유가 있었을 듯하나 결코 그렇지 못했다. 50년대 그 시절에는 공무원에게 월급이란 말뿐이고, 곧잘 현금 대신 쌀 같은 곡식을 받기도 했다. 오늘날 공무원의 대우와는 크게 달랐다.

어머니 혼자서 농사일을 다 감당해 낼 수 없었으므로 우리 형제들은 어렸지만 거들지 않으면 안 되었다. 특히 집안에 일을 할 수 있는 사람은 어머니뿐이어서 나는 8살 때부터 소먹이와 지게를 지고 논밭 일을 하러 다녔다.

소를 먹이러 다닐 때는 내가 소를 모는 것이 아니고, 소가 나를 몰고 다닐 정도였다. 힘이 센 소에게 끌려 다니면서 어린 나이에 울기도 참 많이 울었다. 공부할 시간은 통 없었다. 아침 일찍 소를 몰고 나가 풀을 뜯게 하고, 학교를 다녀오면 또다시 소를 몰고 들로 언덕으로 나갔고, 나무 한 짐이나 쇠꼴 한 망태를 베어서 지고 돌아오곤 했다.

중학교 학창시절

중·고등학교 시절 얘기를 하라면 맨 처음 떠오르는 것이 즐겁고 아름다운 추억이 아니라, 어려운 가정환경 때문에 고생하고 아르바이트를 해서 학비를 벌어야 했던 기억들이다.

바로 우리 동네 창좌리 창동에 있었던 한산초등학교를 졸업하고서는 마을에서 남쪽으로 조금 떨어진 입정포 마을에 위치한 한산중학교를 다녔다.

중학교 졸업 후, 한산섬에는 고등학교가 없었으므로 충무시(현 통영시)에 있는 학교로 진학해야 했다. 우리 섬사람들은 충무시에 있는 학교로 진학하는 것을 유학이라 불렀을 정도로 집안 형편이 여간 좋지 않으면 불가능한 일이었다.

  1960년대 당시만 해도 창동 마을에서 정규대학을 졸업한 사람은 집안의 형 되시는 한 분이 유일했다. 따라서 고등학교 진학은 부모님의 상당한 고심 끝에 결정되었다. 지금이면 인문계 고교로 진학해 대학공부를 꿈꿀 수도 있었겠지만 당시로는 고등학교에 간다는 것만으로도 감지덕지했다……. 또 동생들이 다섯 명이나 되니 어찌 내 욕심만 부릴 것인가? 졸업하면 취업하기가 가장 쉽다는 상업계 통영상업고등학교를 선택했다.

더 단단해지려면
고통을 감내하라

자취생활로 보낸 고교시절

고등학교 다닐 때, 주말이면 어머니가 준비해 주시는 식량과 반찬을 가져가기 위해 반드시 집이 있는 섬으로 돌아가야 했다. 또 3년 내내 자취생활을 하면서 라면을 주식처럼 먹었던 기억이 생생하게 남아 있다. 지금도 라면이라면 그때처럼 맛있게 먹는다. 질리기도 했으련만…….

그때나 지금이나 한산섬으로 가려면 여객선을 타야 한다.

여객선을 타려면 먼저 배표를 구입해야 하는데 돈〔船費〕이 없어 항상 곤란했다. 돈을 아끼느라 배표를 사지 않고 객선을 타는 아이들도 더러 있었다. 표를 구입하지 않은 아이들은 당연히 사무장에게 발각되면 뱃삯을 내야 했다. 그래서 표 검사 시간에는 어떻게 하던 사무장의 눈을 피해 도망을 다녀야 했다. 이제는 도망을 다니던 그 기억이 그리운 추억으로 남아 있지만, 가난했던 시절 살기 위해 선택한 불가피한 수단이 아니었던가 하는 생각이 든다.

고등학교 고학년이 되고서는 방학 때면 섬 생활환경 그대로 여러 가지 아르바이트를 했다. 내가 할 수 있는 일은 보통 큰 기술이 필요 없는 잡역으로, 멸치잡이 기선권현망('오개도리'라 부른다) 어선과 잠수선(섬사람들 말로 '머구리배')에서의 밥 짓는 화장(火匠) 역할, 수해복구(68년도 홍수가 있었음) 공사판에서의 일꾼(소위 '노가다') 등이었다. 돈을 벌어 학비에 보탠 아르바이트는 고등학교 졸업을 할 때까지 지속됐다.

멸치잡이(오개도리) 어선에서는 바다에서 잡은 멸치를 끓는 물에 삶아 담는 일을 주로 했다. 2월달의 봄학기 7일 동안에 멸치 배에서 생활하는 동안 처음 3일은 심한 멀미로 밥을 한 끼도 먹지 못하고 일을 해야 했던 기억이 지금도 생생하게 떠오르곤 한다. 어떤 날은 해 질 무렵에 워낙 멸치를 많이 잡아 밤을 새우면서 작업을 하기도 했다. 만선을 하면 주인이야 좋겠지만 한꺼번에 일이 몰려 일꾼들이 고생을 하게 되니 힘들었다.

가장 힘들었던 세벌 논매기

중·고등학교 시절 여름 방학이면 농사일에 매달려야 했다.
어느 해인가 더운 날씨임에도 논에서 농약을 치다가 그만 농약

중독이 되어 사경을 해맨 적이 있었다. 어머니가 쌀뜨물을 만들어 먹이고 토하게 하고 야단을 쳤는데 하마터면 저세상으로 갈 뻔했다. 요즘 같았으면 병원 응급실로 실려 갔겠지만 당시 한산섬에는 제대로 된 병원이 없었다.

어머니와 둘이서 세벌 논매기를 해마다 했다. 지금까지 살아오면서 가장 힘들었던 작업이 여름철 뜨거운 땡볕이 쏟아지는 논에서 세벌 논매는 일이 아니었던가 생각한다.

요즘이야 모심기도 기계로 하고 농약도 고압 살분무기 같은 것으로, 아니면 공동항공방제 작업으로 한다. 벼논 잡초도 제초제로, 나락 타작도 기계로 간단히 해결하니 농사짓기에 참 편한 세상이 아닌가. 하지만 그때 그 시절에는 모든 농사일이 인력에 의존하였으니 정말 어려웠다. 격세지감이 따로 없다.

훗날 경남도 농수산국장 재임 시 농민단체와 간담회를 갖는 자리에서 어릴 적 논을 매던 얘기를 한 적이 있다. 농민들과 친밀감을 가지기 위해 세벌 논매기 경험담을 털어놓았던 것이다.

그런데 반응이 의외였다. "국장이 거짓말한다. 풍을 친다"며 믿으려 하지 않았다. 그래서 나는 다시 그 당시의 농사일에 대해 상세한 설명을 했더니 그제서야, "아이고! 국장님도 진짜 농사꾼이었네요."하고 내 말을 믿어주었다.

아버지의 잠수기 사업

내가 고등학교 2학년 때, 아버지께서 어느 날 갑자기 사표를 쓰고 한산면 부면장 직에서 물러나셨다. 아버지가 퇴직을 하게 된 계기는 부면장보다 아래 직위로 계장을 하고 있던 부하직원이 면장으로 승진이 되었기 때문이다. 사임하지 않을 수 없는 처지였을 것 같다. 당시 한산면의 면장은 별정직 5급 상당 자리였다.

아버지는 퇴직금(당시 돈으로 20여만 원쯤으로 기억한다)으로 같은 마을 집안 조카가 하던 '머구리배'(요즘의 잠수기어업) 사업을 시작하였다. 당시 잠수기 어업은 수산 관청의 허가를 받아야 하는 업종이었다. 허가증만 있으면 바다 밑바닥에 있는 각종 조개류, 해삼, 멍게, 전복과 소라 등 해산물은 무엇이든지 잡을 수 있고 거두어들일 수도 있었다.

그런데 아버지는 허가 없이도 조업할 수 있는 종목을 선택했다. 조업할 수 있었던 것은 딱 한 가지 '개조개' 만을 캘 수 있는 것이었다. 다른 해산물은 채취할 수 없었지만 자본이 부족하고 어려운 여러 허가과정이 없는 것 때문인지 우선 조업이 쉬운 종목으로 시작했던 것이었다.

개조개를 잡으면 그것을 수집하는 배가 왔고, 그날그날 잡은 것을 수집 배에 실어 부산 자갈치 시장으로 보내면 나중에 얼마에 팔렸다면서 계산서가 오곤 했다. 그러나 아버지는 잠수기어업의 수입이 별로 오르지 않아 힘들어 하셨다. 늘 적자에 허덕였다.

나는 방학 기간에 작업을 할 때면 함께 배를 타고 가서 공기를 주입하는 펌프질과 밥을 짓는 화장일을 하곤 했다. 펌프질은 잠수부가 바다 물속에 들어가 있을 동안 잠시도 쉬지 않고 계속해야 했다.

만약 허리나 팔이 아파 조금이라도 게으름을 부리면 공기가 부족해져 잠수부 생사에 큰 영향을 미치게 되므로 열심히 펌프질을 해야 했다. 아무리 추운 겨울철이라도 5분이나 10분 정도 펌프질을 하고 나면 온몸이 땀으로 젖었다.

시작한 지 2년여 만에 아버지의 사업은 완전 실패했다. 빚더미에 올라앉는 바람에 우리 집은 풍비박산이 나고 말았다.

그때가 1969년으로 내가 고등학교 3학년에 다닐 무렵이었다. 아버지의 빚은 모두 사채(私債)였다. 잠수기 어업이 망했다는 소문이 돌자 사채업자는 사흘이 멀다 하고 빚을 갚으라면서 독촉하며 우리 집을 들락거렸다.

아버지는 빚쟁이를 만나지 않으려고 자리를 피해버리는 것이 상수였다. 그 대신 어머니와 할머니가 돈놀이하는 사람에게 시달려야 했으니 집안은 그야말로 쑥대밭이 된 것처럼 비탄과 우환에 빠져버렸다.

그때 할머니가 "사람은 잠을 자는데 돈은 잠을 자지 않는다."고 하셨는데, 그 말씀을 지금도 잊어버릴 수가 없다. 할머니는 사람은 밤이면 잠을 자고 쉬는데 빚이나 이자는 밤이라도 잠을 자지 않고 날만 새면 늘어난다고 한탄하셨던 것이었다. 그때 빚쟁이 앞에 고개를 조아리며 큰 죄나 지은 듯 읍소를 하시던 어머니는 얼마나 자존심이 상했을까를 생각하니 지금도 눈물이 흐른다.

  그때 우리 집의 유일한 소득원은 집에서 기르는 닭이 낳은 달걀이었다. 이 달걀을 팔아 호롱불 기름(등유)과 성냥이나 자잘한 살림살이를 구입했다. 그런데 빚쟁이에게 달걀 프라이를 해 바쳤으니, 참으로 기가 찰 노릇이었다.

제2장

세상으로 첫걸음

창동마을

바다 건너 장곡에서 바라본
내가 나고 자란 창동마을

세상은 만만치 않고
냉혹하다

첫 번째 취업시험 낙방

고등학교 3년 동안 통영(전에는 충무시로 불렀다) 시내에서 고생하면서 한 자취생활이 끝날 때가 점점 다가왔다. 바로 졸업이 임박했으니 이제 고향 사람들이 말하던 유학이 끝났다고나 할까? 내 앞에 새로운 세상이 가슴 벅차게 펼쳐지기를 기대했다.

빚쟁이가 사흘이 멀다 하고 드나들었던 우리 집의 어려운 처지에 나는 대학 진학은 아예 포기하고 취업전선에 나서야 했다. 부친의 사업 실패로 어려워진 집안 살림과 빚 갚는 일은 모두가 장남인 나의 책임으로 돌아왔다. 누구를 탓할 바가 아니었기에 나는 내 운명으로 받아들이면서 살기 위한 생업전선에 나섰다.

먼저 도전한 것이 1969년 10월에 있은 농협 직원 채용시험이었다. 부산 광복동에 있는 동주여상까지 가서 시험을 치렀다. 필기시험인 부기 문제는 다 풀 자신이 있었다. 그런데 주산이 문제였다. 아니 상고생이라면 당연히 주산, 부기는 필수였으니 나도 그 두 과목에는 높은 점수를 받을 자신이 있었다.

그런데 불합격이었다.

나중에 알고 보니 1학년 때부터 구입해서 사용해 왔던 낡은 주판이 원인이었다. 벽지 섬 출신의 가난한 학생에게는 주판 하나 좋은 것을 가지기 힘들었다. 나의 주판은 어떨 적에는 제 마음대로 알이 움직이고 어떨 적에는 힘을 줘 튕겨야 했다. 주산이란 게 속도전이고 암산이니 주판알이 내 마음먹은 대로 척척 움직여주어야 쉽게 정답이 나오고 남보다 먼저 계산을 마칠 수 있었는데 그렇지 못했던 것이다.

시험을 치는 동안 낡은 주판이 줄곧 말썽이었다. 3년을 사용하다 보니 알과 살이 모두 닳아 헐렁헐렁해 제 마음대로 오르락내리락 하는 것이었다.

속담에 '게으른 일꾼 연장 나무란다'고 더 이상 주판을 낙방 핑계로 댈 수는 없었다. 그저 사람의 일이란 새옹지마(塞翁之馬)라 생각하고, 나 스스로를 일으켜 세우는 수밖에 없었다.

쓸쓸한 고교 졸업식

1970년 1월의 고등학교 졸업식도 그랬다.

빛나는 졸업장을, 우등상이나 개근상이나 간에 전교생 앞에 나가 폼 나게 받아야 그게 아름답고 자랑스러운 추억의 졸업식이 아니겠는가? 그런데 나는 졸업식에 참석조차 못했다. 역시 가난했기에…….

그날 졸업식에 참석을 하려면 한산섬에서 하루 전날 시내로 가야만 했다. 그러려면 하룻밤을 시내에서 자야 하는데 자취방은 진작 비우고 나왔으니, 그 집에 다시 가서 잘 수 없었다.

돈도 없으니 여관에 가는 것도 불가능했고, 친구 집이라도 가면 되겠지만 농협 채용시험에 떨어져 소침해 있었던 때라 그곳마저 신세 지기가 싫었다. 그러면 졸업식이 있는 당일 바쁘기는 하겠지만 집에서 출발해 학교를 가야 했다.

육지라면 몇십 리 떨어진 학교라도 새벽에 일어나 걸어가면 되겠지만 배가 아니면 교통이 곤란한 섬이니 불가능했다. 한산섬에서 충무시내까지 다니는 여객선은 보통 거제 남부면 저구마을에서 아침 6시쯤 출항해서 이 섬 저 섬 둘러서 오는데 9시경이 되어야만 우리 동네에 닿곤 했다. 우리 동네에서 출발해서는 장곡, 서좌, 비산도, 여차 등 여러 섬을 돌아 통영에 닿으면 11시가 훨씬 넘는 게 보통이었다.

그러니 졸업식 시작시간에 맞춰 도착할 수가 없었다. 학교에 가니 졸업식이 시작되어 한참이나 지난 시간이었다. 나는 학교 옆 담장으로 갔다. 그리곤 담장 너머로 고개를 들어 올려 진행되고 있는 졸업식을 바라보았다. 참 지금 내가 생각해도 몹시 한심스러운 광경이 아닐 수 없다.

졸업식이 끝나고 학생들이 흩어져 나올 때쯤 학교 안으로 들어갔다.

나는 2개 반 졸업생들 중 5등, 우리 반에서는 2등으로 학업성적 우수 교육장상을 받게 되어 있었다. 그런데 그걸 내가 직접 받지 못했다. 참 묘하게도 나와 이름이 한글로 똑같은 학우가 있었다. 사량도가 집인 김종부가 한산섬 아이 김종부를 대신해서 교육장상을 나가서 받아 둔 것이었다.

사실 그 당시 졸업식이 끝나면 친구들과 어울려 시내를 휩쓸고 다니며 3년간의 회포를 푼다고 맘껏 술도 마시고 진탕 춤도 추고 실컷 재미있게 놀기를 밤새도록 하였는데 나는 그런 여유를 즐길 마음도 없었다.

다른 학우들이 같이 놀자며 잡는 것을 뿌리치고 즐기는 걸 모르는 척 외면하고서 배를 타러 강구안으로 나오며, 나는 가난과 싸워 꼭 이기고 말겠다고 다짐했다. 이를 악물고 배를 타고 갑판에 오르니 1월 말의 겨울바람이 너무나 차가웠지만 나에게는 속이 확 터지는 시원한 여름바람 같았다.

오후 2시 배를 타고 집에 돌아가니 오후 3시반 쯤 되었다. 아버지와 어머니는 내가 돌아오기를 기다리고 있었다.

"아이구! 우리 종부가 교육장상을 받았네! 1등이가 2등이가?"

어머니는 상장을 보시고 좋아하며 내 등을 두들겨 주었고 아버지는 내 졸업장과 교육장 상장을 보시면서 아무 말이 없었다. 수십 년이 지난 지금도 그때 아버지가 힘없이 웃으시며 아무 말씀 없으시던 모습이 눈앞에 아른거린다.

두 번째 도전 공무원시험

어쨌든 취업이 급선무였다. 친구들이 대학입시에 몰두하여 "대입학력고사 성적이 어떠니, 서울 어느 대학에 원서를 넣을까? 부산 어느 대학에 붙을 점수가 되었느니" 하고 떠들 때, 나는 오직 취업정보에 관심을 가지며 시험 준비를 하고 있었다. 훗날 세월이 흘러 도시에서 직장생활을 하면서 야간 대학과 대학원 공부를 하여 졸업을 할 수 있어 공부에 대한 소원을 풀 수 있었지만, 당시 나에게는 취직하는 것이 최고의 목표였다.

어떤 곳에서 직원채용시험이 없나? 하고 귀를 쫑긋 세우고 찾아 헤맸다. 그러던 그때 공무원 시험이 있다는 이야기를 듣게 되었다. 사실 50, 60년대 아버지 시대의 공무원은 월급도 제대로 받지 못했거나 아니면 양곡을 받는 등 박봉(薄俸)에 가정생활이 항상 쪼들리고 어려웠다.

그러한 집 사정을 보면서 자랐기에 공무원은 별로 좋은 직업이 아니라는 인식이 머리에 박혀 매력 없는 면서기는 하지 않겠다는 것이 어린 시절 내 생각이기도 했다. 그러나 막상 고등학교를 졸업하면서 농협 채용시험에 떨어지고 보니, 한번 응시는 해보자는 생각이 들었다.

나의 운명이 공무원인가?

어쩌면 첫 번째 도전이었던 농협 직원 채용시험에 떨어진 것이 뒷날 나에게는 전화위복이 되었는지 모르겠다.

고등학교를 졸업하던 그해 시험이 1월 18일로 공고되었는데, 내 생일이 1월 14일이니 4일이라는 간발의 차이로 응시자격을 얻게 되었던 것이다. 만약 시험일자가 생일 전으로 당겨져 만 18세가 안 됐다면 응시는 불가능했기 때문이었다.

그 당시 전기나 전화가 없어 일상생활을 하거나 공부하는데 불편하고 어려움이 많았다.

시험이 1970년 1월 18일 통영 두룡초등학교에서 있었다. 요즘 젊은이들이 가장 선호하는 직업이 공무원이라 하는데, 그때는 별로 인기가 없었던 시절이라 경쟁률이 3:1 정도였던 것으로 기억된다.

1주일 후엔가 합격 통지를 받게 되었는데…….

사실 아버지의 공무원 생활에 별로 매력을 못 느껴 시험을 치면서도 공무원 생활을 할 생각이 별로 없었고 탐탁하게 생각하지 않았던 나는 막상 합격통지를 받고서는 집안 형편, 특히 동생들을 책임져야 한다는 큰아들의 임무 때문에 '바람 부는 대로 물결치는 대로 물 흘러가듯'이 따르기로 작정하였다.

그 당시 동생들은 초등학교 3학년부터 중학교 2학년까지 학교를 다니고 있었으니, 동생들을 공부시키는 것 또한 나의 중요한 책무 중에서 하나이기도 했다.

시험에 합격하였다는 통지서를 받고서는 발령이 언제 날지 알 수 없는 상황에서 일단 발령을 받기까지 기다리는 동안 생계에 보탬도 되면서 더 넓은 세상을 찾아서 많은 사회적 경험을 해보자는 생각이 들었다.

하여간 어정쩡한 마음으로 나는 부산으로 아르바이트도 할 겸 무작정 찾아 나섰다.

부산 자갈치 시장에서

여러 해 전 아버지께서 잠수기어업을 하실 때, 부산 자갈치 시장에 있는 상회에 아버지 대신 어물 판매대금을 찾으러 간 적이 있었다. 그래서 그곳은 나에게는 생소한 곳이 아니었다. 마침 고향 선배 한 분이 그곳에서 일하고 있었으므로 찾아갔다.

그 선배의 소개로 자갈치 시장 잠수기조합 중매인 상회에서 아르바이트 일자리를 가지게 되었다

자갈치 시장에는 바다에서 잡아오는 생선만 취급하는 어판장과 패류인 고둥, 소라, 전복, 멍게, 홍합, 개조개 등을 취급하는 잠수기조합 어판장이 있었는데 그곳에서 일시적인 사회 경험을 시작했다.

자갈치 시장에는 매일 배가 드나들었고 생선과 어패류를 배에서 내리면 새벽 4시경 경매를 보곤 했다. 그러므로 나는 매일 이른 새벽에 일어나 그날의 시장 상황을 살피면서 수산물 가격 동향을 머

릿속에 정리를 해야 했으며 경매가 끝나면 중매인이 소매상들에게 물건을 다시 넘기는데 그 또한 만만찮은 일이었다.

내가 일하게 된 곳은 14번 중매인 최 사장 상회였다. 숙소는 따로 없었다. 최 사장님 집에서 먹고 잤다. 그 집 주인 아주머니는 친절하고 나를 동생처럼 아껴주었다. 최 사장님 자녀가 2남 2녀였는데 나는 보답을 하고자 충무동에 있는 초등학교에 다니는 아이들에게 저녁이면 공부를 가르쳤다. 그러니 밤이면 가정교사인 셈이었다. 가장 큰아이가 충무초등학교 6학년에 다니고 있었다.

그때 자갈치 '아지매'들의 억척스러움과 치열한 생존 경쟁을 직접 보고 체험하면서 나도 강인한 정신력을 키울 수 있었다. 나도 얼마든지 부지런하게 일하면 잘살 수 있겠다는 자신감과 불퇴전(不退轉)의 결의만 갖는다면 세상의 험한 파도를 얼마든지 이겨낼 수 있겠다는 생각이 들었다.

나는 자갈치 시장 아르바이트를 하면서 많은 것을 배웠다. 그들의 폭넓고 시원시원한 인심, 그럼에도 단돈 얼마의 수익이 나면 밀고 당기며 치열하게 다투는 상인정신과 거래 방법 등이다. 이러한 경험을 접하면서 나도 한 사람의 사회인으로 살아갈 수 있겠다는 자신감이 생겼다.

그러한 여러 가지 경험이 훗날 공직생활을 하면서 실무에 응용해 민원 해결이나 지역발전 방안의 수립 등 공직생활의 중요한 밑거름이 되었다고 지금도 생각한다.

한산면사무소의
신참 공무원 생활

발령은 쉽게 나지 않고

자갈치 시장에서의 일은 고되기도 했지만 내가 살아온 고향보다 더 넓은 부산의 화려하면서도 자유분방한 문물을 접할 기회를 만끽할 수 있어 좋았다. 부산에서 아르바이트를 시작한 지 반년이 되어 가는데도 공무원시험 합격 후 발령이 쉽게 나지 않았.

같이 시험을 보고 합격한 사람 중에서 누구는 어디에 발령이 났다는 소문이 고향 친구들로부터 전해 오기도 했다. 공무원 임용시험에 합격한 후 1년이 경과되도록 발령이 나지 않으면 그만 합격이 무효가 되는 규정이 있다는 얘기도 들었다.

지금은 성적순으로 발령을 한다지만 그 당시에만 해도 소위 배경이 있는 사람은 발령을 빨리 받을 수 있다는 얘기가 심심찮게 돌고 있었다. 아버지께서 예전에 부면장을 지냈으니 기대를 걸 만했지만 성격 탓으로 통 그런 청탁을 하러 다니시지 않았다.

다행히 합격발표가 난지 1년이 다 될 무렵에 마지막으로 발령을 받게 되었다. 자갈치 시장에서 아르바이트 일을 한 지 10개월이 되던 때였다. 사실 나는 월급도 적고 매력 없는 공무원보다 장사를 하여 돈을 벌겠는 생각이 많았다. 이젠 제법 부산생활에 적응되어 경매하는 방법도 배웠고 실제 프로 중매사들과 같이 경매장에서 수산물을 사고 파는 장사 기법도 터득했기 때문이다.

그런데 얼마 후 아버지께서 이렇게 물어오셨다. "며칠 후면 발령이 난다는데 네 생각은 어떠냐? 계속 부산에서 살 끼가?"

사실 그때 나는 부산생활에 조금 익숙해져 있었다. 그러나 '발령을 받아 공무원이 되었으면……' 하는 기대감이 은근히 담긴 아버지의 말씀을 듣고 보니 나 자신도 모르게 마음이 끌리는 것이었다.

자연스럽게 내 마음이 흘러가는 대로 가는데 결국 '공무원이 내 운명일까?'란 생각이 들었다. 그래서 발령 통지를 받고서는 부산생활을 정리하고 고향으로 돌아갔다.

1971년 1월 15일, 시험을 친 지 딱 1년 만에 고향 땅 한산면사무소 서기로 발령을 받아 공무원이 되었다. 나의 첫 근무지는 바로 고향 면사무소였다.

공무원 첫 출발은 한산면사무소

나의 첫 발령지이며 공무원으로서 첫 근무지는 내 고향 땅의 한산면사무소였다.

내가 가야 할 길이 바로 공무원이었는지도 몰랐다. 겨우 발령을 받고 나서는 공무원을 나의 천직으로 삼아야겠다는 생각으로 바뀌었는데 그때 특히 어머니와 동생들이 좋아했다.

당시 한산면 사무소의 전체 직원 수는 15명 정도로 기억된다. 면장, 부면장, 그 아래에 총무계, 재무계, 산업계, 호병계 등 4개 부서가 있었다. 총무계는 일반서무와 회계, 선거 등 복잡한 업무가 많았다. 재무계는 주로 세금 부과·징수 같은 재산 사무이고, 산업계는 농어업, 산업부흥 관련 사무였다. 호병계는 호적, 주민등록, 병사 사무 등이었다.

내가 처음 발령받은 부서는 재무계였다. 당시 각종 세금을 부과하고 징수하는 사무를 보자면 주산 실력이 있는 사람이 필요했다. 그 시절에는 지금처럼 컴퓨터나 전자계산기가 없었던 때라 주로 주산을 사용했었다. 세금을 부과하려면 응당 주산으로 계산해야 하는데 내가 상고 출신으로 주산 1급 실력이니 당연히 계산은 잘할 것이라 인정받아 재무계로 발령이 난 것이었다. 보직을 받고서 근무를 시작한 이후 정말 열심히 일했다.

1971년 1월에 공무원 첫 발령을 받고서 그 달에 받은 첫 월급(9급)이 1만 8천이었다고 기억된다. 나는 술 담배를 일절하지 않고 한 달 잡비도 5백 원 한도 안에서 절약하며 검소한 생활을 할 수밖에 없었다. 왜냐하면 매월 받는 월급으로 집안의 급한 빚을 조금씩 갚아 나가야 했기 때문이었다. 지금 생각해도 내가 번 돈은 엄청난 부채에 비하면 턱없이 모자라는 액수였다.

또 새내기 말단 면직원이 된 나는 평생 면서기로 끝날 것이라 생각했다. 당시만 해도 상급기관으로 진출한다는 것은 꿈에도 생각할 수 없었으며, 한번 면서기는 영원한(퇴직할 때까지) 면서기였다.

낮에는 출장, 밤이면 야근

내가 태어난 창동 마을은 임진왜란 때 통제영인 제승당이 한산섬에 있었을 때 군량미 창고가 있었던 곳으로 알려져 있다. 창동 집에서 면사무소까지 약 2km 정도 떨어진 거리여서 빠르게 걸으면 30분 정도 걸렸다.

그 중간은 산길이었는데 매일 걸어서 다녔다. 아침 출근길에는 별 문제가 없었지만 저녁 퇴근길에는 언제나 캄캄한 밤이었다. 낮에는 출장을 다니고 밤이라야 내 소관 업무를 처리할 수 있는 틈이 생겼으니 매일 야근이었다. 비가 부슬부슬 오는 날이거나 달도 없는 그믐밤이면 무서워서 다니기에 힘들어 혼이 났다.

한산면사무소에 근무하기 시작할 무렵인 1971년 그때 새마을운동이 불붙기 시작했다. 새마을 운동은 1970년 4월 22일 박정희 대통령에 의해 제창되었는데 처음에는 새마을 가꾸기 사업이라 불리며 시작되었다. 농촌근대화를 위하며, 잘살아 보자는 이 운동은 1971년에 새마을 운동으로 명명되었던 것이었다.

그 당시 공무원은 무슨 일이든 앞장서서 지도하고 이끌고 추진해야 했다. 정부시책이 옳고 그러든 구별하지 않고 중앙에서 시달된 시책을 이유 없이 밀어붙여야 했다. 지금 생각해 보면 억지도 많고 무리한 것도 많았다. 그러나 공무원들이 앞장서서 정부정책을 홍보하고 독려를 하던 때였고, 출퇴근이 따로 없을 정도로 열심히 일했으니 밤과 낮이 구분되지 않을 정도였다.

새마을사업을 비롯하여 치산녹화 10개년 계획 추진, 쌀 증산을 위한 통일벼 심기 계도와 독려, 정부의 가격조절용 보리수매, 추곡수매 독려 등 하루가 어떻게 지나가는지 모를 지경이었다. 새마을 사업은 정부에서 자연마을 단위로 환경을 개선하여 잘 살아보자는 사업이었으니 농어촌 부흥의 초석이 되었다.

어머니가 싸 주신 도시락

나는 어머니가 싸 주시는 도시락으로 점심을 먹었다. 사실 돈이 없었다. 여름에는 도시락을 먹어도 무방했으나 겨울이면 싸늘하게 식은 도시락을 먹으려면 밥이 잘 넘어가지 않았다.

그 시절 다른 직원들은 점심시간이면 면사무소 근처 식당으로 따끈따끈한 밥을 사먹으러 나갔지만 신참인 나는 혼자서 겨울철의 빈 사무실을 지키며 도시락을 먹었다. 노란색 알루미늄 도시락을 신문지에 싸서 난로 위에 얹어 놓았다가 밥이 꼬들꼬들 따뜻하게 데워지면 먹었다. 어머니의 정(情)과 정성이 도시락에 담겨 있었기에 김치 한 가지 반찬이었지만 참 맛이 있었다.

그렇지만 내 책상에 앉아 가끔 혼자서 밥을 먹노라면 왠지 서글프고 쓸쓸해 눈물이 나온 적도 있었다.

또 당직 날이 되면 저녁을 먹어야 하는데 그때는 식당에 가서 밥을 사 먹어야 했다. 그런데 호주머니는 항상 텅 비어 여유가 없었다. 사실 당직비가 예산에 책정이 되어 있었는지 어떤지는 잘 몰랐다. 어찌되었든 나는 저녁 밥값을 아끼려고 창동 집까지 달려가 저녁을 먹고 오곤 했다. 뛰어가 저녁을 먹고는 쉴 틈도 없이 돌아와야 당직 근무에 차질이 없었다.

또 한 가지, 웃지 못할 일이 있었으니 당직실 난방용 경비도 전연 없었다는 사실이다. 예산이 통 없었는지 어땠는지 잘 모르겠는데, 겨울 추위가 기승을 부리는데도 아궁이에 불을 땔 화목이 없었다. 재래식 아궁이었는데 땔감을 사 주지 않아 겨울철이 되면 직원들이 뒷산에서 나무를 해 오거나 전답 주변의 나무 말뚝을 뽑아다가 온돌방에 불을 지펴 잠을 청하기도 했다.

재무계에서 산업계, 총무계를 거쳐 호병계로 담당부서가 바뀌면서 나에게 중대한 전기(轉機)가 다가왔다. 우물 안 개구리에게 또 다른 하늘을 보게 해준 일이었다. 호병계에서 주민등록 사무와 민원업무를 맡고 있을 때였다. 밀려드는 업무에 정신이 없었는데 어느 날 충격적인 말을 듣게 되었다.

제3장

열정으로 미래를 향해

통영항

유람선과 여객선이
쉴 새 없이 드나드는 통영항은
언제나 활기가 넘친다.

초년 고생 여전했던
통영군청

멘토는 멀리 있지 않다

비진도에 사는 박종우 씨는 면민들로부터 한산면 선비 어른으로 대접받았던 분이다. 그분이 어느 날 인감증명 서류를 발급받으러 오셨다가 나에게 던진 말씀에 내 눈이 번쩍 뜨였다. 우물 안 개구리였던 나에게 나아갈 길을 확실하게 가르쳐 주셨던 것이다.

호병계에서 민원 사무를 보고 있는데, 박종우 어르신이 칭찬 같은 충고 한 말씀을 던지셨다.

"김 서기! 자네 일하는 것을 가만히 지켜보니 장차 면사무소에서만 근무할 사람이 아니구먼. 큰 포부를 가지고 열심히 일을 한다면 크게 성공할 수 있는 사람이야. 작은 것에 얽매이지 말고 창창한 앞날을 내다보고 일하게."

큰 희망, 큰 꿈을 가지고 열심히 일하라는 격려의 말씀을 하신 것이다. 지금도 그분의 말씀을 기억하고 있다. 사실 그때까지 나는 애송이 면서기에 불과해 내 앞날을 설계할 능력도 생각도 갖지 못하고 있었다. 그런데 그분이 내 인생의 지표가 될 조언을 해 준 것이었다.

노력하여 상급 기관으로 승진, 전근을 간다는 것을 면 직원들은 대부분 상상도 못할 시기였다. 그런데 그 어르신의 격려 같은 충고 한마디에 내 눈이 번쩍 뜨인 것이었다.

"그렇다! 여기에 머물러서는 안 된다. 더 넓은 세상, 더 큰 일들이 기다리는 곳으로 나아가자!"

나는 그날 이후 내 생애의 목표가 달라졌다.

나는 다른 직원보다 한걸음 앞서 연구하고 나의 열성을 다해 업무를 추진해 성과를 냈다. 새로운 아이디어를 찾고 용기를 갖고 열심히 최선을 다하니까 상급자나 상부기관에서 인정을 받게 되었다.

드디어 한산면사무소 근무 2년 10개월 만에 상급기관인 통영군청으로 발령이 났다. 지금도 그 시절을 회상해 보면 박 어르신이 나의 인생 멘토였음을 깨닫게 되고 고마움을 느낀다. 멘토는 따로 없다. 멀리서 찾을 필요가 없다. 거창하고 유명한 인물이 아니라 내 주위에서 나를 진정으로 걱정하고 상담하고 후원하면서 인도해 주는 사람이 바로 나의 멘토라 생각한다.

또 한 분의 멘토⋯ 훗날 민선 통영시장을 역임하신 고동주 시장님이시다. 그때 인사·감사 업무를 담당했던 행정계장으로 그해 한산면 사무소에 종합감사를 하였는데 감사반장으로 오셔서 나의 업무처리 상황을 보시고는 발탁을 하신 것 같다.

한산섬을 떠나 더 큰 세상으로

1973년 10월에 통영군청 공보담당관실에서 공보업무를 맡게 되었다. 통영군청 근무 발령장을 받고, 고향 한산면을 떠나 단신으로 충무로 나온다는 사실은 나에게 크나큰 기대와 흥분을 함께 주었다. 일생 처음 맞게 된 중대 사건의 하나였다.

아직 결혼을 하지 않은 홀몸이라 집을 떠나 군청 소재지인 충무시에서 방 한 칸 얻어 살면 되는 간단한 일이었으나 내 마음은 설레이고 무거웠다. 좁디좁은 섬을 벗어나 자유와 희망이 넘치는 큰 동리 충무시에서 밤을 보내면서 내 인생 설계를 이렇게도 저렇게도 가늠해 보니 좀체 잠이 오지 않았다.

조그마한 집 방 한 칸을 월세로 얻어 고등학교에 다니던 동생들과 자취생활을 하게 되었다.

당시 통영군청은 도천동에 있었는데 일제 시대 지은 2층 건물이었다. 군청 직원은 100여 명이 되었는데 내가 처음 발령받아 가서 근무한 부서는 공보실이었다. 당시 군수님은 최재현 씨였고 김기업 실장, 김홍규 계장님이었다. 상사 두 분 모두 나에게 친절하게 일머리를 깨우쳐주면서 업무를 잘 처리하도록 가르쳐 주었다.

당시 전화기는 다이얼 전화기로 기억된다. 손잡이를 돌려야 하는 자석식 전화기도 함께 사용하던 시절이었는데 군청에서는 다이얼 전화기를 쓰고 있었다.

해가 바뀌고 1974년이 시작되면서 연초부터 정부의 긴급조치가 발동되면서 지방행정도 요동쳤다.

새마을 운동의 기수가 되다

공보담당관실에 근무를 하다가 새마을과로 옮기게 되었는데 통영군청으로 발령 난 지 6개월 만이었다. 1973년 1월에 내무부에 새마을 담당관실이 설치되었고, 그 산하에 4개의 과를 두었다. 3월에는 대통령 비서실에 새마을 담당관실을 설치했으며, 전국 시도, 시군에도 새마을과가 신설되었던 것이다.

당시 새마을과는 군청에서 비중 있는 부서로서 직원들 중에서도 엘리트들이 모였다. 하는 일들도 시급한 정책적 추진 업무가 아주 많았다.

1973년부터 새마을 운동을 전 국민적 운동으로 확산시키기 위해 공무원들이 총력을 기울였다. 따라서 새마을과 근무는 바로 새마을 정신을 군민 모두에게 지도·계몽하여, 목표를 달성한 실적을 내놓아야 했다.

그러니 밤낮이 따로 없었다. 나와 우리 과 직원들은 낮에는 현장 지도를 위해 읍면에 출장을 나갔고, 밤이면 밀려 있는 공문처리에 밤을 지새워야 했다.

또 새마을 운동과 관련된 교육도 강화되어 중앙에는 새마을지도자 연수원이 신설되었다. 그래서 그전까지 농협에서 진행하는 농촌지도자교육과 양성업무를 일선 군에서도 하게 됨에 따라 통영군에서도 교육생을 모집하여 보내야 했다. 마을마다 땀 흘리며 일하던 새마을 지도자들의 대회가 전국적인 규모로 열리면서 우수 사례 발표도 있었으며, 전국적으로 그 성공사례가 홍보되었다.

그때 통영군의 새마을 우수마을로 산양면 학림마을과 용남면 선촌마을 등이 선정되어 경제동향보고회에서 우수사례 발표도 하였다. 또한 군내 여러 마을들이 새마을 훈장을 수상하는 영광을 안게 되었다.

물론 주민들의 잘살아 보자는 열망이 뭉친 결과이기도 하지만 헌신적인 지도에 앞장섰던 공무원들, 특히 군 새마을과 직원들이 분투노력하며 흘린 땀의 결실이기도 하였다.

1975년 1월 1일자로 전국의 군(郡)에 부군수 제도가 처음 생기면서 새마을계가 부군수 산하로 직제가 개편되어 부군수 지시를 받게 되었는데 초대 부군수로 강돈철 씨가 부임하였다.

새마을 담당으로 얻은 영광

새마을과 업무가 폭주하자 나는 주말도 없이 평일에도 보통 새벽 1시까지 일을 해야 했다.

열심히 일해 부서에서 인정을 받아 1975년 7월, 8급으로 특별 승진되는 영광을 안았다. 내가 새마을운동을 열성적으로 추진하여 큰 성과를 거두게 되어 특진되었다는 소식이 라디오 뉴스에 보도가 되는 바람에 고향 사람들로부터 많은 축하와 격려를 받은 것이 지금도 기억에 남아 있다.

통영은 새마을 사업을 추진하기에 자연적인 환경과 여건이 좋았다. 당시 전국의 230여 개 시·군 중에서 우수 새마을로 선정되어 새마을 훈장을 받은 마을이 통영군 관내에 여러 곳 나왔다. 물론 밤낮을 가리지 않고, 현장지도를 위해 뛴 공무원들의 노고도 컸지만 주민들의 열성 또한 대단했기 때문에 얻은 눈부신 성과였다.

우수 새마을로 선정된 마을을 보면 지붕개량을 잘한 한산면 외항이었으며, 이 마을 신현택 새마을 지도자는 새마을 훈장을 받았다. 또 마을 안길 확장에 돋보인 용남면 선촌은 지창암 새마을 지도자가 훈장을 받았고, 산양면 학림, 도산면 덕치, 한산면 동좌·관암·내항 마을 등이 우수 새마을로 선정되었다. 또 한산면 소고포 마을의 김호수 새마을 지도자도 우수 새마을 지도자로 훈장을 받았다.

이 같은 우수사례들이 전국에 널리 알려졌고, 많은 사람들이 현지를 시찰하기 위해 내방하기도 했다. 또 정부에서 매년 발간하는 새마을 화보지에 빠지지 않고 통영군 관내의 새마을 모범 성과 사진들이 게재되기도 하였다. 이때 서울 광명인쇄소 사진기사와 아주 친해져서 오랜 기간 형제와 같은 좋은 인연을 맺으며 지냈다.

용남면 선촌 마을은 새마을사업 우수 마을로 선정되어 대통령께서 주재하는 월별 경제동향보고회 자리에서 우수사례를 보고하고, 지창암 새마을 지도자는 새마을 훈장을 받았다. 그때 나는 동료였던 강옥동 씨와(뒤에 통영시 세무과장 역임) 우수사례 발표와 보고 준비를 위하여 고속버스를 타고 서울 출장을 자주 다녔다. 그 당시의 일이 지금도 머릿속에 소중한 기억으로 남아 있다.

또 다른 멘토를 만나다

아름다운 인연

1975년 1월 1일자로 각 시군에 부군수 제도가 생기면서 통영군 초대 부군수로 밀양 출신인 강돈철 마산시 총무국장이 부임하였다. 강 부군수님은 밀양의 큰 선비 점필재 김종직 선생의 후예답게 인품으로나 업무처리 면에서 후덕하고 곧은 선비형의 공직자였다.

그분은 업무를 빈틈없이 챙기시는 전문 행정가여서 직원들이 조금도 긴장을 늦출 수 없었다. 항상 정신을 바짝 차리고 결재받으러 들어가야 했고, 출장 복명도 잘 준비하여 조리 있는 보고를 하지 않으면 야단을 맞곤 했다.

강 부군수는 후에 마산시 부시장을 끝으로 공직생활을 마감하게 되었는데, 나는 강 부군수의 권유로 경남도청으로 가는 아름다운 인연을 맺게 되었다. 또 다른 멘토를 만난 것이었다.

어느 날 결재를 받으러 부군수실로 갔더니 강 부군수께서 나를 자리에 앉으라 하고서는, "김 서기! 자네 도청에 가서 근무할 생각이 없나?"하고 물었다. 정말 금시초문의 예상하지도 못한 질문이라 뭐라 대답이 나오지 않았다.

사실 1975년 그때는 정치적으로 사회적으로 혼란스러운 시기였다. 정부에서는 부정부패를 일소하기 위하여 서정쇄신을 단행한다면서 공무원들을 옥죄이고 암행감찰이다 뭐다 사흘이 멀다 하고 상부에서 근무감찰이 오기도 했다. 그래서 공직사회가 꽁꽁 얼어붙어 있었다. 공무원들은 외식 금지 바람이 불어 점심 도시락을 싸들고 출퇴근을 하던 시절이었다.

뿐만 아니라 상부와의 인사교류가 잘 없던 때여서 시·군에서 도청으로 전입하려면 무척 어려웠다. '인사란 연줄이 있어야 한다'는 말이 공공연하게 들려오던 시절이었다. 상부에 잘 아는 사람이 있어 그를 통한다든지 청탁을 할 수 있는 소위 '빽줄'이 있어야 가능하다는 소문에 군청 직원들은 엄두도 내지 못하고 있었다. 도청 근무는 상상도 못했다.

그런 시절이었으니 강 부군수님의 뜻밖의 질문에 어리둥절해서 미처 대답을 못했다. 그럼에도 그는 "한번 공부해 봐, 김 서기! 자네 실력이면 이번에 시행되는 도 전입시험에 무사 통과될 거야."하고 용기를 북돋아 주셨다. "곧 도청 전입시험이 있으니 기회를 잃지 말라"는 귀띔도 해주셨다.

꿈을 가져야 크게 된다

도청 전입 시험제도는 당시 강영수 도지사께서 희망자들에게 공정한 기회를 주기 위해 만들었다. 산하 직원들에게 골고루 기회를 주고 능력 있는 사람을 스카우트하려는 획기적인 방안이었다. 강 부군수는 두 번째 시험이 곧 있을 것이라고 일러주셨다.

"부군수님 말씀 너무나 감사합니다. 하지만 저는 부모님도 모셔야 되고, 동생들도 돌봐야 하기 때문에 통영을 떠날 수가 없습니다."라고 말씀을 드렸다.

당시 도청은 부산에 있었던 관계로 부산과 이중 생활을 하려면 돈이 많이 들어 은근히 걱정이 되는 것이었다. "장래를 봐서 생각해 보란 말일세. 내 말을 듣고 무조건 시험에 응시하세요."

강 부군수님의 두 번째 권유와 설득에 시험과목이 뭔지 알아보고 시일이 촉박하여 떨어지든 말든 벼락치기 공부에 들어갔다. 다른 직원들에게는 비밀로 하였다. 떠들었다 낙방하면 창피스러울까봐 신경이 쓰였던 것이다.

일요일 날 동래구 양정에 위치한 옛 경남도공무원교육원으로 가서 시험을 보았다. 다행히 며칠 후 합격 통지를 받았다. 가슴이 조마조마했는데 합격이 된 것이었다. 아버지께 사실을 말씀드렸다.

"잘되었다. 사내는 큰물에서 놀아야 한다. 예전에 그런 말이 안 있더냐? 말이 태어나면 제주도로 보내고 사내는 서울로 보낸다꼬! 어짜든지 대처에 나가니 마음대로 활개를 쫙 펴 봐라. 이 촌구석에 처박히몬 안 된다."

아버지는 내 등을 두드려주며 하루빨리 도청 같은 대처(大處)로 가서 근무 잘해야 된다고 다독거렸다. 어머니도 동생들도 큰 기대를 걸고 있다면서 부두에까지 따라 나와 전송을 해주었다.

나는 전입시험 2기로 합격하여 1975년 11월 8일자로 도청으로 발령을 받았다.

어렵고 힘들었던 도청 근무

혼선 – 서로 다른 발령

도청으로 곧 발령 날 것이라는 소식을 전해 듣고 얼마 지나지 않아 전화연락이 왔다. 나는 도청으로 가게 되어 기대와 걱정으로 며칠간 마음이 무척 설레었다.

"여기 도청 인사계인데요. 김종부 씨요?"

"아, 예. 통영군청 새마을과 김종부입니다."

"축하합니다. 발령이 났습니다. 내일 아침 9시까지 인사계로 오세요. 인사발령장 교부를 할 예정이니까 늦지 않도록 하세요. 9시, 시간 엄수하도록!"

나는 어느 부서로 발령이 났는지 궁금해서 물어 보았다. 어디로 발령 났는지 물었더니 새마을지도과라고 알려주었다.

부산에 있었던 경상남도 청사 전경

어느 때라고 발령장 받으러 가는데 시간이 늦겠나? 9시보다 더 빠르게 8시가 되기도 전에 도청에 도착하여 직원들의 출근을 기다렸다. 가슴이 두근거렸다.

바로 그날이 1975년 11월 7일 아침이었다.

나는 새마을지도과로 발령났다는 말에 안도했다. 통영군청 새마을과에서 일을 했으니 그간 도청을 오가면서 업무상 안면을 익힌 분들이 많아서였다. 같이 근무할 사람들이 내가 아는 사람들이고 지금까지 취급했던 업무였다. 앞으로 도움도 협조도 받을 수 있으니 참 편하게 근무할 수 있으리라 생각했다.

그런데 그날 아침 막상 발령장을 받아들고 보니 그게 아니었다.

새마을 지도과가 아니라 농정국 농산과가 아닌가? 눈앞이 캄캄

해졌다. 아니 뭐가 잘못되었다는 생각이 들었다. 어제 전화 받을 때는 이 부서가 아니었는데? 나는 행정 직렬인데 농산과는 농업 직렬이 아닌가? 뭐가 잘못되었음이 틀림없었다.

나는 머리를 망치에 얻어맞은 듯 멍청해져서 아무 말도 할 수 없었다. 하룻밤 사이에 인사명령이 바뀐 모양인데, 누구 하나 나를 위해 설명이나 해명을 해 주지 않았다. 그때 정말 나는 남에게 보이지 않았지만 한없는 눈물을 흘렸다. 돈 없고 빽 없으면 이렇게 서러움을 당해야 하는가? 하고 한탄을 했다.

열심히 일해 인정받자

그 당시 인사난맥상을 지금 이야기해서 뭐하겠는가? 하여간 내 주변에는 나에게 힘이 될 만한 유력한 인물도 없었고 버팀목이 될 선배도 없었다. 오직 나 자신의 힘으로 내 앞길을 개척하고 다져 나가야 했다. 경남도청에서 일 잘한다는 평가를 받으려면 각오를 단단히 해야 했다. 이를 악물었다. 도저히 그대로 주저앉을 수는 없었으므로 더 악착같이 일해야겠다는 결심을 했다.

발령을 받은 다음날부터 도청 농산과로 출근을 했다. 동료 직원들보다 1시간 빠르게 아침 7시에 출근을 했다. 내가 낯선 사람이나 근무환경을 극복하는 방법은 오직 솔선하여 일하고 같은 부서 직원들에게 친절하고 봉사하는 자세가 무엇보다도 중요하다고 생각했다.

흔히 일을 하다보면 서로 업무를 맡지 않으려고 남에게 미루는 일도 종종 있다. 능동적이기보다는 피동적이거나 수동적으로 업무를 처리하기도 한다. 성실하게 내가 맡은 임무를 거침없이 말끔하게 해내고, 그러면서 동료 직원들의 일도 도울 수만 있다면 그는 바로 훌륭한 직원이라 평가해 줄 것이라 믿었다.

열정과 성실, 솔선수범 그런 덕목들이 나를 일깨워 세웠다. 나는 1시간 먼저 출근을 하고는 청소하는 아주머니나 아저씨들과 함께 청소도 하고 전체 사무실의 정리 정돈도 하고, 아침에 배달되어 온 신문도 챙겼다. 업무도 능동적으로, 각종 민원이나 사무 처리도 심도 있게 연구하며, 새로운 아이디어를 발굴하는 등 열심히 일했다.

얼마 지나지 않아 과장이나 동료 직원들로부터 부지런하다는 소리를 듣게 되었다. 친하게 된 직원들은 퇴근할 때면 나를 데리고 나가 저녁도 함께 먹고 다방에 들러 이런저런 얘기를 하면서 따뜻하게 대해 주었다. 역시 선후배 간의 대화는 나를 튼실하게 하고 마음을 살찌우게 했다.

한해 대책으로 밤을 지새고

세월이 조금 지나니까 과장님을 비롯한 상급자들로부터 점점 인정받기 시작했다. 그래서 처음 발령받고서 받은 충격이나 서먹서먹함도 어느 정도 사라졌다. 또 새마을 지도과가 아닌 농산과라 하더라도 내가 몸을 붙이고 전향적인 사고로 업무처리를 하니까 일하는 보람을 느낄 수 있었다.

그런데 이듬해인 1976년도 모심기 철에 비가 오지 않아 도내에 극심한 한발이 장기간 계속되었다.

요즘은 전국 어느 곳이나 물 부족으로 모심기를 못한다는 소식은 거의 없다. 댐도 막고 곳곳마다 저수지가 생기고 수리시설이 완벽하게 이루어져 여간 가물어도 모심기는 차질이 없이 진척된다.

그러나 당시에는 저수지가 있어도 소규모이고 수리시설도 제대로 된 곳이 드물었을 뿐만 아니라 하늘의 비만 바라보는 천수답(天水畓)이 골짜기마다 많았다. 그러므로 비가 오지 않으면 모심기가 안 되었고 설령 모심기를 했다 하더라도 논에 물이 떨어져 나락이 타들어 가면 물을 끌어 올 방법이 없어 농민들은 속수무책으로 하늘만 바라보아야 했다.

경남도청에서는 가뭄에 벼농사를 망칠 우려가 커짐에 따라 한해대책을 추진하였다. 도지사부터 농산과 말단 직원까지 도내 24개 시·군을 돌며 양수기를 동원하거나 급하게 관정을 파서 지하수를 퍼 올려 논으로 끌어들이는 등 한해대책 추진에 총력을 기울였다.

당시 내가 근무했던 농산과 농산계는 바로 한해대책추진의 주무계였고, 나는 담당자 중 한 사람으로 업무에 처음부터 매달릴 수밖에 없었다. 나는 이른 아침에 출근했다 하면 정상적인 퇴근은 꿈도 못 꾸었고, 내처 야간근무를 하였는데 새벽 3시까지 계속되곤 했다. 나 혼자서 40여 일 동안 업무를 처리하면서 큰 고생을 감내해 내야 했다.

결국 열심히 하니까 인정을 받아서 '한해대책 유공자'로 도지사 표창을 받고서 9개월 만에 새마을지도과로 발령이 났다.

새마을지도과로 자리를 옮겨서 2년여 열심히 일했다. 이때 나는 내 업무 권한 범위 안에서 고향 통영에 지원할 수 있는 일들을 챙기기도 했다.

도지사 비서실에서

새마을지도과에서 일한 지 2년여 지나서 나는 도지사 비서실 근무를 하게 되었다. 1978년 12월 28일, 치안본부장으로 계시다가 경상남도지사로 김성주 지사께서 부임하였는데, 내가 1979년 1월 5일자로 비서진으로 발령 난 것이었다. 아마 몸을 사리지 않고 부지런하게 움직이는 나를 윗사람들이 눈여겨보고 비서실 추천을 한 것 같았다.

비서실 업무의 요체(要諦)는 바로 성실하면서 신속 정확한 일처리였다. 발령 후 처음에는 공관비서로 근무했다. 공관비서란 공관에 상주하면서 야간 업무와 공관의 관리, 업무연락 등을 맡아 처리하는 업무였다. 그때는 부산 시절이었으며 아직 미혼이어서 비서실의 막내였다. 그래서 부산 부민동 도청 뒤에 있었던 도지사 공관에서 숙식을 하며 업무를 보았다.

한 달이 지나고 나서 2월부터는 비서실에서 행정비서로 일하게 되었다. 행정비서의 업무는 도청 각 부서에서 올라오는 보고서를 취합하고 분석하여 도지사께 신속하게 보고하고, 도지사의 일정을 작성하여 도정을 원만하게 운영하도록 하는 것이었다. 이 또한 정확한 정보 분석 능력과 함께 일목요연한 자료정리가 중요했다.

7월부터는 수행비서 업무를 맡게 되었다. 수행비서 업무란 도지사를 직접 수행하면서 각 부서나 관련 기관단체와의 연락과 행사 일정을 챙기고, 각종 행사 시에는 도지사의 동선을 관리하여 다음 일정에 차질이 없도록 준비하는 것이었다.

내가 모신 지사님에 대한 추억

공직생활을 해 온 사람이면 누구나 상사를 모시게 되고 조금 경력이 쌓이면 허심탄회하게 지내는 동료도 생긴다. 같은 부서, 협조부서를 막론하고 부하 직원도 만나고, 그래서 선·후배란 인연으로 다 함께 공직생활을 영위해 나간다.

40여 년이 지나고 보니 내가 만나고 함께 의논하고 정보교환을 하면서 형제처럼 다정하게 지낸 선후배 동료가 수없이 많다. 한 분 한 분 서로 나눈 정담과 공식적인 업무처리로 토론하고 방향 모색을 함께하면서 보낸 일들이 주마등처럼 떠오른다.

나는 79년 1월 처음 비서실 근무를 시작한 후 계속하여 비서실에서 근무하였는데 그 경력만 10년이다. 전체 공무원 재직기간 38년간 4분의 1을 경남도청 비서실, 내무부차관 비서실, 건설부장관 비서실 등에서 근무했다. 네 분의 도지사(김성주, 최종호, 이규효, 김혁규 씨)를 모시게 되었던 것이다.

이런 일 저런 일을 다 정리하고자 하면 끝이 없을 듯하여 10년 동안 비서실에서 근무하면서 직접 모셨던 네 분의 도지사님을 시대별로 나누어서 추억해 보고자 한다. 네 분 모두 훌륭하고 똑똑한 분들이며, 각자 독특한 자질과 캐릭터를 가지고 있었다고 생각한다.

처음 모신 김성주(金聖柱) 도지사

19대 김성주 경남도지사는 내가 1979년 1월 5일 비서실 근무를 하게 되면서 처음으로 모셨다.

부산 동래 출신으로 일본 명지대 법률과를 졸업했는데 중앙정보부 대공활동부국장, 국회의원(유정회), 치안본부장을 거쳤다. 국가관이 뚜렷하고 통이 큰 분이었다. 서예에 능하여 일과 후에는 틈틈이 붓글씨를 쓰곤 하였다. 그의 서예작품인 〈역지사지(易地思之)〉란 액자가 도청 기자실에 걸리기도 했다. 항상 상대방을 생각해야 한다는 뜻을 전달한 것이었다.

큰 체구에 치안 총수 출신답게 치안과 안보분야에 비중을 둔 통 큰 도정을 수행했다. 1979년~1980년 재직기간 중 10·26 등 어려웠던 정치적 격변기에 도정을 이끌면서 사회적 안정 확보에 심혈을 기울여 무난하게 도정을 수행했다는 평을 받았다. 김 지사는 제5공화국 새로운 정부가 탄생되면서 권력의 이동으로 도지사직을 끝으로 공직을 마감하였는데 2014년 93세에 별세하셨다.

제4장

지금은
말할 수 있다

경남도청 근무 시절

통영 바다를 배경으로
(1985년)

이제야 말할 수 있는
비사(秘史)

새벽의 비상 - 1979년 10월 27일

27일 새벽에 걸려온 전화

부마민주항쟁으로 마산지역에 위수령이 내려진 며칠 후인 1979년 10월 27일 새벽 3시경이었다. 도지사 관사의 전화벨이 울렸다. 그때 나는 미혼이었으므로 낮에는 도지사 비서실에서 근무하고, 밤이면 도지사 관사에서 숙식을 하고 있었.

전화벨이 울리기에 무심결에 불도 켜지 않고 수화기를 들었다. 흔히 도청 당직실에서 바쁜 일이 생기면 전화가 걸려오곤 했다. 속으로 무슨 사고라도 난 것인가 생각하면서 전화를 받았다. 그런데 도청 당직실이 아니었다.

"여! 나 내무부 차관보 아무개인데 도지사 빨리 바꿔요."

상대방의 첫마디가 '나 내무부 차관보 ○○○'이란 바람에 나는 자세를 바로잡았다. 도지사 빨리 바꿔달라는 말에 더욱 놀랐다.

"급한 일이 있으니 빨리 바꿔요!"

저쪽에서 급박한 어조로 빨리 바꾸라 재촉하는 말만 반복하지 않는가? 무슨 일이냐고 물어볼 수는 없고 급하게 인터폰으로 도지사께 알렸다. 내무부 차관보의 전화라고 보고하고 즉시 연결했다.

전화를 연결해 드리자 서울과 5분 정도 통화를 했다. 그러고는 다시 나에게 인터폰으로 지시가 왔다.

"지금 바로 차량 대기시키고 사무실에 갈 준비를 해! 그리고 비서실장, 간부들 다 나오라고 연락하고 말이야. 비상사태가 터졌어."

박 대통령 서거 소식 누구보다 먼저 알아

지사님은 내무부에서 걸려온 전화 내용을 간단하게 말해 주었다. 박정희 대통령의 서거였다. 너무 놀랄 일이라 나는 쉽게 믿어지지 않았다. 비상이 걸렸다.

나는 정신을 차려 급하게 관사 식구들을 깨우는 한편, 운전기사에게 차량을 대기하도록 연락했다. 또 비서실장(당시 이승관 씨)을 비롯한 비서실 직원들에게 긴급비상이 걸렸으니 전원 사무실로 조속히 출근하라고 지사님의 명령을 급한 목소리로 알렸다. 그리고는 도청 당직실에 전화를 해서 비상상황이 발령되어 도지사께서 도청 사무실로 가신다고 통보했다. 그러니까 전화를 받은 당직 직원도 긴급한 사태임을 감지했던지 한마디 했다.

"김 비서님, 여기도 이상합니다. 조금 전에 총을 멘 군인들이 갑자기 출동해 왔습니다. 그리고는 정문과 요소요소에 보초를 서기 시작했습니다. 출동사유를 말해주지 않아서 무슨 일이 터졌는지 잘 모르겠습니다. 무슨 일입니까?"며 영문을 모르겠다고 했다. 나는 "하여간 비상사태임에는 틀림없으니 지사님이 가실 때까지 당직근무에 만전을 기하라."고 당부만 했다.

서둘러서 도지사를 모시고 관사를 출발하면서 차 안에서 라디오를 틀었다. 그때가 통금이 막 해제되는 새벽 4시경이었다. 그 당시는 밤 12시부터 새벽 4시까지 통행금지가 있었던 때였다. 그리고 라디오를 켜니까 곧바로 새벽 4시 뉴스가 시작되었는데 첫마디에 나는 그만 깜짝 놀랐다. 새벽에 온 전화 내용이 정말 믿을 수 없었는데 그게 사실이었으니!

바로 첫 뉴스로 "박 대통령 유고"라는 아나운서의 조금은 당황스러운 멘트가 나왔기 때문이었다.

도청 사무실에 도착하니까 분위기가 긴장되기 시작하였다. 전화통에 불이 났다. 이때부터 정확한 정보 파악과 치안이나 안정을 위한 비상이 걸렸다.

나는 다른 도청 직원들보다 아주 이른 시각 제일 먼저 박 대통령 서거 소식을 들은 사람이라고 생각하고 있다. 남보다 조금 앞서 그 소식을 들었으니 해마다 10월 26일이 다가오면 그때의 긴박하게 돌아가던 일들이 새삼스럽게 떠오른다.

의령 궁유 경찰관 총기난사사건

국민을 경악케 한 사건현장으로

1982년 4월 26일, 의령군 궁유면에서 일어난 경찰관 총기 난사사건은 도내뿐만 아니라 전 국민을 경악에 휘말리게 하였던 대 사건이었다. 그때는 최종호 도지사 재임 시절이었다.

4월 27일 그날은 새벽부터 비가 내리기 시작했다.

새벽 4시경에 도지사 관사에서 당직을 하는 직원으로부터 전화가 왔다. 이때는 결혼을 하여 도청 인근인 부용동에서 셋방살이를 하고 있을 때였다. 잠결에 수화기를 드니 큰 사건이 터져 비상이 걸렸으니 즉시 출근하라는 급보였다.

"큰 사건이 터졌어요. 의령군에서 경찰관이 총을 난사해 사람이 수십 명 다치거나 사망했답니다."

급하게 받은 전화 내용은 너무나 간단했으나 나는 잠결에 기겁을 했다. 경찰관이 민간인을 향해 총을 쏘다니! 적군도 아니고……. 사람들이 가볍게 부상당한 게 아니고 많은 사람이 총격으로 중상을 입고 사망했다는 말에 아연실색했다. 세상에 일어날 수 없는 그런 일이 일어나다니!

"곧바로 도지사님께서 의령 사고 현장으로 가실 계획입니다. 빨리 공관으로 오세요."

"아! 알았습니다."

최종호 지사님이 현장으로 갈 계획이니 빨리 공관으로 오라는 전화에 수행비서였던 나는 급하게 집을 나서 달려갔다. 공관에 도착하여보니 지사님이 나를 기다리고 있었다. 도지사를 모시고 급히 차에 올라 먼저 경남도경찰국으로 향했다. 그 당시 도경은 부산 소재 도청 건물의 뒤편에 자리하고 있었다.

경찰국 상황실에 들러 간단한 상황 보고를 받았다. 사망자나 중상자가 엄청 많다는 소리만 내 귀에 들려왔다. 대책이 어떻고, 사건 발생 이유가 뭔지 설명을 하긴 하였지만 상세하지는 않았다. 현장에 가야 사태 파악이 될 듯하였다.

지사님을 태운 차는 곧바로 의령군 궁유면 사건 현장으로 출발하였다. 아침부터 비가 많이 내리고 있었는데 개의치 않고 차가 달리는데 겁이 날 정도로 속도를 냈다. 남해고속도로를 달려서 의령인터체인지를 지나 궁유면으로 가는데 의령읍까지는 아스팔트 포장이 되어 있었고, 읍을 지나서는 자갈이 깔린 비포장 도로였다. 그런데 비까지 내리니까 차가 속도를 낼 수가 없었다. 그때가 아침 8시를 조금 지나고 있었던 때였다.

그래도 속도를 내라고 지사님이 채근하니 울퉁불퉁한 자갈길을 달리는 차가 지프차였으면 좋으련만 그때만 해도 고급 승용차라 비포장도로를 달리기에는 영 마땅하지 않았다. 그래도 엄중한 사건이 터졌으니 속도를 내서 빨리 달리지 않을 수가 없었다. 급기야 도지사 승용차(현대차 그라나다)의 뒷바퀴 타이어에 펑크가 나고 말았다. 펑크로 차가 서 버리자 뒤따라오던 의령군수(당시 군수는 조규섭 씨) 차량으로 바꾸어 타고 궁유면사무소로 가야 했다.

현장에서 조문객들을 맞이하고

도지사 차가 막 도착하는 그때쯤에는 사건 현장은 한창 시신을 수습하는 시간대였다. 그때 제일 먼저 내 눈에 들어온 광경은 너무나 참혹했다. 궁유 우체국 여 교환원의 시체가 하얀 천에 싸여서 들것으로 옮겨지고 있었는데 차마 바로 바라볼 수 없을 정도였다. 현장의 분위기는 참혹하고도 살벌했다.

그날 하루 종일 장대비가 내렸다.

갑작스레 죽음을 당한 사람, 그 유가족, 총상을 입은 부상자들, 또 그 가족들이 울부짖고 아우성을 쳤다. 살벌하고도 법이 없는 듯한 난장판이었다. 시간이 지남에 따라 점점 질서가 잡히고 주민들의 흥분이 가라앉으며 분위기가 안정되어 갔다. 행정 당국과 경찰 관서 직원들이 동분서주하며 주민들을 안정시키려 노력했던 결과였다.

2일째 되던 날, 대통령을 대신하여 조문 대표로 청와대 이범석 비서실장이 방문했다. 그날도 하루 종일 내리는 비를 맞으면서 이 비서실장은 한 집도 빠짐없이 방문하여 유가족과 피해자들에게 머리를 숙이고 국가를 대신하여 사죄드린다면서 예의를 갖추고 공손하게 조문하는 자세를 보였다.

그때 나는 그분의 인품이 비범함을 알 수 있었다. 진정 공직자의 참모습을 그때 그분을 통해 보았다. 조문하는 이 비서실장은 체구가 큰 편이었는데 비해 그 옆에서 우산을 받쳐 들고 따라 다녔던 나는 키가 작아 하루 종일 고생을 했다.

공직자의 아름다운 모습이 이런 것이라는 것을 가르쳐 주신 이범석 실장님을 그때부터 존경하게 되었는데 아쉽게도 1983년 10월, 외무부장관으로 버마(지금은 미얀마) 아웅산에서 순직하시고 말았다. 너무나 안타까운 일이며 그런 분이 살아 계셨더라면 우리나라가 더욱 발전하였으리라 생각한다.

사건이 전국적으로 알려지자 서울을 비롯하여 전국 각처에서 많은 기관단체장과 기업인들이 조문과 유족들을 위로하기 위하여 며칠간 의령 궁유 현장을 찾아왔다. 중앙 정부요인들을 비롯하여 경제인들이 엄청나게 많았다.

최종호 지사님은 조문객을 맞이하시기에 정신이 없었다. 그런데 조문 오시는 분들이 빈손으로 오지 않고 조의금을 내놓고 갔다.

접수한 조의금은 수행비서인 내가 가방에다 넣어 보관을 해야 했다. 밤이 되면 궁유를 떠나 도청이 있는 부산까지는 갈 수 없었다. 부산까지는 길이 멀고 번잡하므로 당시 마산에 있는 크리스탈호텔에서 숙박을 했다.

숙소에 돌아와서도 쉬지 못했다. 그날 각계로부터 접수된 조의금의 목록을 작성해야 했다. 노트 접수부에 주소, 직명, 성명과 금액 등을 기록하고 조의금을 정리하자면 보통 새벽 3시가 넘었다. 다시 새벽 5시면 일어나야 했으니 겨우 두어 시간 잠을 자게 되는 어려운 시기였다.

장남의 책임과 힘든 세월

부산 생활의 애환

안정을 찾은 집안과 늦은 결혼

아버지의 사업 실패로 한번 빚더미에 올라앉은 우리 집 형편은 다시 정상으로 되돌아가는데 거의 10년의 세월이 걸렸다. 나는 그동안 쪼들리는 집안을 바로잡고자 죽을 고생을 하였다.

그렇게 세월이 흐르자 벌써 내 나이도 서른을 맞게 되었고 이젠 결혼을 해야 할 시기가 다가오게 되었다. 사실 그때까지는 나에게는 경제적으로 조금도 여유가 생기지 않아 결혼을 생각할 겨를이 없었다. 결혼하여 안정된 가정을 가지게 되면 참 좋았겠지만 한편으로 시골 부모님께 생활비를 보내드릴 여력이 없게 된다는 생각이 앞서 망설였던 것이다. 또 내가 돈을 보내지 않으면 동생들의 학비도 부족해, 학교 공부를 그만두어야 할 형편이기도 했다.

세월이 가면서 차츰 우리 집안은 안정을 되찾기 시작했다. 바로 아래 동생 종호가 고등학교 졸업 후 공무원 시험에 합격하여 한산면사무소에 발령받아, 어엿하게 월급을 받는 사회인이 되어 한시름 덜게 되었기 때문이었다.

또 셋째 종국이도 군복무를 마치고 얼마 지나지 않아 공무원이 되어 충무시청에서 근무하게 되어 가계에 도움을 주기 시작하면서 나는 큰 짐을 내려놓은 듯 마음이 가뿐해지기 시작했다.

나는 결혼을 1980년 서른 살이던 때 했다. 그 시절의 결혼 적령기는 보통 남자는 스물일곱 살이라고 했었는데 그보다 3년이나 늦게 했으니 만혼이라 할 수 있겠다. 신부는 해주 오씨로 마산에 살았다.

결혼을 할 즈음인 1979년 1월, 나는 경남도청에서 도지사 비서실 근무를 시작한 지 2년차가 되던 시기였는데 여전히 월급 봉투는 얄팍했다.

집안 형편이 조금 나아졌다고는 하지만 사실 여유가 없어 간소하게 결혼식을 올렸다. 요즘 젊은이들처럼 규모가 큰 호텔 식장에서 시끌벅적 호화예식을 올리고 해외로 신혼여행도 가고 하는 예식은 엄두도 못 냈다. 더욱이 널찍한 아파트를 신혼집으로 입주하는 그런 멋진 신혼 기분을 낼 형편도 아니었다.

지금의 서구 하단동 당리마을 연립주택 방 한 칸에 전세로 들어가 신혼살림을 차렸다. 그 집은 울타리도 담장도 없고 대문도 없는 집이었다. 그런 걸 가릴 생각도 못 하고 입주했었다. 그런데 이내 일이 벌어졌다.

신혼집에 도둑이 들어

결혼 후 처음으로 맞은 할머니 제사 때 어처구니없는 일이 벌어졌다. 제사를 모시러 한산도 고향에 다니러 갔다가 다음 날 돌아와 보니까 셋방에 도둑이 들었던 것이었다. 도둑 입장에서 신혼집이라 결혼 패물 등 돈이 될 만한 물건들이 많이 있을 줄 알았는데 막상 들어와서 뒤져보니 가져갈 물건이 없었던 모양이었다. 그러니까 도둑이 크게 실망을 한 모양으로 행패를 부리고 갔다.

장롱 문짝을 떼어 방구석에 팽개쳐 놓았고, 이불을 꺼내 방바닥에 흩뜨려 놓았다. 그리고서는 흔히 상비약으로 쓰려고 두었던 빨간 소독약(그때 흔히들 '아카징키'라 불렀다)을 뿌려 난장판을 만들어 놓고 사라진 것이었다. 이불과 옷가지에다 빨간 물약을 뿌려 놓았으니 세탁을 해도 지워지지 않았으므로 모두 입을 수도 없고 쓰지도 못해 버려야 했다.

그런 일이 있은 지 얼마 지나지 않아 또 시골에 다녀왔다. 이번에는 문단속을 잘해 놓았다고 생각했는데 그게 아니었다. 셋방에 또 도둑이 들었던 것이다. 그때도 마찬가지로 가져갈 것이 없었으니 도둑은 두 번이나 헛걸음을 쳤던 것이다.

집사람이 이제는 무서워서 이곳에서 못 살겠다고 했다. 나도 그랬다. 그래서 서둘러 이사를 했다. 그래 보니 하단에서 1년을 살았던 셈이었다.

근무처인 도청과 가까운 거리에 있는 서구 부용동 언덕배기에 전셋집을 구해 이사를 했다. 이사 간 집이 방이 2개에 다락이 딸렸다. 작은방이 생기니 그때부터 부산시 교육청에 근무하던 사촌동생 종철과 부산대학교에 다니던 막냇동생 종희가 들어와 함께 살게 되었다.

그 즈음 첫아이가 태어났는데 아내는 큰딸을 키우면서 시동생들과 비좁은 집에서 함께 살았다. 아내는 옹색한 살림을 살면서 시동생 뒷바라지를 했는데도 조금도 짜증을 내거나 불평한 적이 없었다. 시동생들에게 참 잘해줘서 마음속으로 항상 고맙게 생각을 하고 있다. 그렇지만 한 번도 고맙다는 표현을 하지 못하고 살아왔다. 이번 기회에 그때 그 어려운 시절을 슬기롭게 살아주어서 정말 고마웠다는 말을 하고 싶다.

장남으로서 힘든 세월

동생들과 함께하면서

나는 장남이다. 내 아래로 형제자매가 다섯이나 된다. 내가 공무원으로 첫발을 내디딜 때 동생들은 모두 어렸다. 집안 빚도 갚아야 했지만 어린 동생들 뒷바라지를 해야 했다. 까막눈을 만들 수 없고 내일을 위해서라도 공부를 시켜야 했기 때문에 장남으로서 정말 힘든 세월을 보내야만 했다.

그 시절에 막내 동생 종희의 대학등록금(부산대학교 상대) 통지서가 오면 차마 아내에게는 똑바로 말을 못하곤 했다. 집사람이 모르게 조금씩 모아 두었던 포켓 비자금을 고향 아버지께 몰래 보내고 그것을 다시 되돌려 받는 형식으로 등록금을 납부하곤 했다. 그럴 적마다 아내는 '시가에 돈이 없을 텐데 어떻게 등록금을 보냈을까?' 하고 의아해 하기도 했다. 그러면 나는 얼른, "고향에서 소나 돼지를 한 마리 판 모양이네."하고 두루뭉술한 말로 얼른 둘러대기도 했다.

그래도 고마운 것이 어린 동생들이 경제적으로 어렵고 가난했어도 착하게 자라 주었던 일이다. 학교 공부도 대체로 잘하는 편이어서 힘들었지만 고등학교까지는 마칠 수 있어 자랑스럽고 고마웠다. 지금 와서 생각해 보면 그런 성취감이 충만하였기에 항상 보람을 느꼈고, 어려웠지만 곤궁하고 힘든 세월을 잘 극복할 수 있었던 것 같다.

그간 좋은 일도 있었고 슬픈 일도 겪었다.

공무원이 된 삼 형제와 부산시교육청에 근무하는 사촌 동생 모두 각자 근무지에서 열심히 일했다. 그랬더니 우연의 일치인지 몰라도 형제 셋 모두 같은 시기에 경남도청에서 근무를 하는 행운도 있게 되었다. 지금까지 삼 형제가 동일 기간에 경남도청에 근무하기로는 처음이었다고 한다.

아쉽게도 셋째 동생 종국(공무원 막내)이가 2000년 5월에 업무상 과로로 인한 심근경색으로 돌연사하는 불행을 맞아 너무나 가슴이 아팠다.

종국이에게는 후회스러운 일이 하나 더 있다. 1982년 셋째 동생 종국이가 육군에 입대해서 경기도 전방부대에서 근무를 하고 있었다. 내 형편에 여유가 너무 없어 흔한 면회 한 번 가지 못한 것이 미안하기도 하고 후회스럽기만 하다. 그런데 그 동생이 지금은 저승으로 먼저 가버렸으니 자꾸 동생 종국이에게 죄를 지은 심정이다.

부모님 바람대로, 내 소원대로 열심히 공부를 해 준 동생들이 기특하고 고맙다. 자랑이라곤 할 수 없지만 사촌동생까지 6명의 남자 형제들 중에서 나를 비롯해 네 명이 공무원이 되었으니까 말이다. 둘째는 도청 과장과 함양 부군수를 역임했고, 넷째는 엔지니어로서 STX엔진 중국 다롄공장에서 임원으로 근무했고, 막내는 국립공원관리공단에서 실장(1급)으로 근무하고 있으니, 우리 형제들이 제 앞가림은 제대로 하고 있는 셈이다.

이사를 자주 다녔던 시절에

결혼 3년 만에 창원으로 이사

결혼 후 3년 만에 경남도청이 창원으로 옮기게 되면서 1983년 6월, 가족들과 함께 창원으로 이사를 했다.

처음에는 지금 마산 산호동 시장 근처로 이사를 했다가 3개월 후에 창원 용호동 18평짜리 주공아파트로 옮겼다. 그 아파트는 분양을 받았던 것인데 내 생애 처음이고 최초의 내 명의로 된 집이었으니 그때가 1983년 10월이었다.

창원에서 2년여 살다가 직장 따라서 서울로 가서 3년을 살았다. 처음 서울에 가서는 강남구 반포아파트에서 전세를 들어 살았다.

그러다가 85년 말에 미분양으로 팔리지 않고 남아 있는 개포동 현대아파트를 분양받아 이사를 했다. 그 집은 1층이어서 조금은 시끄럽고 불편한 곳이기도 했다. 그때 나는 내무부에 근무했었는데 내가 아파트에 입주한 지 얼마 지나지 않은 86년 하반기부터 부동산 붐이 일어났던 것으로 기억된다.

서울에서 살던 그 시절 가족이 1남 2녀로 늘었다. 60년대 이후 인구증가 억제정책에 따라 가족계획이 강력하게 실시되었던 그 여파로 1980년대까지 공무원은 자녀 2명까지는 가족수당이 지급되었으나 셋 이상은 제외되었다. 그 바람에 막내아들 녀석 몫의 가족수당은 받지를 못해 아쉬움이 많았다. 지금 와서 생각해보니 이제는 예전과 달리 오히려 출산장려정책을 펼치고 있으니 내가 애국자였다는 기분이다.

서울에서 내무부(별정직 5급)와 건설부(별정직 4급) 근무를 마치고 1988년 5월 30일자로 다시 경남으로 내려와서 창원시에서 사무관으로 얼마간 근무하다가 도청으로 자리를 옮기게 되었다.

주경야독으로 대학원까지

그 후 20여 년 동안 도청 근무를 하게 되면서 시간적 여유가 생겼다. 또 직위도 안정적인 위치에 있게 되면서 나는 공부를 해야겠다는 열망을 갖게 되었다.

　마흔 살이 되던 1990년경 돈이 없어 하지 못했던 공부를 다시 시작했다. 주경야독인 셈이었다. 여러 해에 걸쳐 나보다 나이가 적은 젊은이들 속에서 열심히 공부를 했다. 경남대학교 야간 행정학과와 행정대학원까지 마치게 되었으니 이 또한 의미심장한 나의 인생 역정의 한 자락일 것이다.

경남도청 이전과 유치운동

경남 역사 속의 도청 이전

경남도청이 부산 더부살이를 마감하고 청사를 경남 창원으로 이전한 때가 1983년 7월 1일이었으니 벌써 30년이 훨씬 지났다. 30년이 넘는 세월 속에 도민들의 기억 속에 사라져 가는 도청 이전의 역사를 기록으로 남기고 싶다.

부산 더부살이 애환이나 변화를 경남도청 이전 현장에서 직간접으로 지켜봤으므로 그 많은 이야기들을 혼자 알고 지나기에는 너무나 아깝고 안타까워 조금이라도 남기고 싶다. 도청 이전 역사는 엄연한 경남의 역사이기도 하기 때문이다. 그 역사 속에 숨겨져 있는 비사(秘史)를 정리해 후세에 알리는 것도 경남 사랑의 일환일 것이다. 도청이 경남 창원으로 오기까지는 수많은 공직자와 도민들의 헌신과 협조, 애정이 있어 가능했다.

진주, 부산으로 옮겨 다녔던 도청

1896년 4월, 전국 13개도 개편 때 진주에 경남관찰부를 설치해 「도청사(道廳史)」의 막을 열었다. 그 후 일제강점기 때인 1925년 4월 1일, 경남도청을 진주에서 부산 부민동으로 이전시켜 부산을 일본의 대한민국 침탈의 교두보 역할을 하도록 하였다.

일제강점기 경상남도의 행정을 총괄하는 도청이 진주에서 일본의 한반도 경영의 전진기지였던 부산으로 옮겨가 그때부터 부산도청시대가 시작되었던 것이다. 진주에 있었던 도청 자리는 진주시 남성동 73-10, 11번지 「선화당」 일대의 터였다.

부산시 부민동에 대지 8,735평, 건평 610평의 3동짜리 규모의 청사를 갖추어 도청이 개청한 이래 경남도정은 일제강점기를 거쳐 광복과 6·25, 임시수도 등 혼란과 대변혁의 시기에 도민을 위한 행정을 수행하기에 최선을 다해 오고 있었다.

6·25때는 도청이 피란지 임시수도 정부청사로 사용되었고 국회의사당으로도 쓰였다.

해방 이후 우리나라 2대 도시로 성장했던 부산은 경상남도 산하 시·군 중에 하나였다가 1963년 1월 1일자로 정부 직할시로 승격이 되었다. 그 이후 경남도청은 남의 지역에 더부살이하는 볼품없는(?) 신세가 되어버렸던 것이다. 그때부터 경남의 유력 인사들은 도청을 경남도내로 이전해야 한다는 목소리를 내기 시작하면서 이전운동에 불을 붙였던 것이다.

당시 부산 도청 주변에는 부산 5대 요정으로 유명했던 '교목장', 공무원들이 주 고객이었던 양복점 '거북선', 중급 숙소인 '원여관', '소복장' 등 업소가 있었다. 보수천 일대에는 하루의 피곤함을 달랠 수 있는 대폿집도 줄지어 있었다.

그러나 1963년 부산시가 경남도와 분리되어 '부산직할시'로 승격됨에 따라 부득불 경남도청이 도내로 이전해야 할 사유가 발생하였던 것이다.

경남지역에서 도청으로 출장을 가려면 하루해가 모자랐다. 특히 서부경남지역 공무원들과 도민들은 큰 불편을 겪어야 했다. 부산으로 출장을 가면 먹고 자는 등 불편이 이만저만 아니었고 경비도 많이 들었다.

도청 유치 운동

1963년 1월 1일, 시행하게 된 「부산시 정부직할에 관한 법률」에 따라 부산시는 경상남도의 관할로부터 분리돼 도와 동격의 자치단체로서의 법적 지위를 부여받았다. 부산의 직할시 승격이 확정됨에 따라 경남의 도청 소재지를 도내에 두어야 하느냐는 문제가 이내 제기되게 되었다. 그런데 '어디로 옮길 것이냐?'가 문제였다.

지금은 지방자치법 제6조에 도청 소재지의 결정은 도 조례로 정하도록 되어 있지만 당시는 법률로 정하게 되어 있어 국회의 몫이

이규효 도지사가 부산 도청사를 마지막으로 떠나고 있다.
조수석에 앉은 사람이 김종부 비서

부산의 도청사에서 트럭들이 짐을 싣고 창원 새 도청사로 향하고 있다.
(사진 제공 : 경남신문사)

었다.

 이전 예정지를 두고 도청 유치운동이 벌어지면서 진주와 마산이 첨예하게 대립하는 상황이 나타났다. 진주 쪽에서는 부산으로 가기 전에 도청이 소재하였던 곳이 진주였으니 당연히 이쪽으로 환원해야 한다는 주장이었다.

 마산 쪽에서는 마산이 70년대 전국 7대 도시로서 명성을 가질 만큼 발전되었을 뿐만 아니라 현재 명실상부한 경남의 중심도시이므로 당연히 이쪽으로 이전해야 한다는 주장을 펼치고 있었다. 이들 두 지역에서 주장하는 명분은 다 같이 일리가 있는 이야기들이었다.

 시일이 지남에 따라 도청을 자기가 사는 지역에다 환원, 유치하자는 운동이 진주를 중심으로 한 서부경남 도민들과 마산을 중심으로 한 중부경남 도민들 사이에 불붙기 시작하였다.

 또 한편으로 지역 출신 국회의원들의 움직임도 활발했다. 당시 진주지역에는 다선의원인 구태회 국회 부의장이 있었고, 마산지역은 정치권의 거물인 국회의원과 청와대 경호실장이 지역출신으로 힘을 쓰고 있는 시절이었다. 서로 대등한 기세를 이루니 점점 지역 간의 감정까지도 격화되었다.

 도청을 옮기려면 먼저 국회에서 법률로 정해야 했다. 지금은 지방자치법에 의하여 도의회 조례로 결정하도록 위임되어 있지만 당시는 법률에서 정하도록 되어 있었다. 양 지역 국회의원 간의 의견이 첨예하게 대립되고 서로 양보나 타협이 없는 한 도청 이전에 관한 법률 제정이 쉽지 않았다. 그래서 세월이 흘러가게 되었던 것이다.

마산과 진주 유치운동

먼저 마산에서는 경남과 부산의 분리 법령이 시행되기 3개월 전인 1962년 9월, 마산상공회의소 회원들이 주축이 된 도청유치반을 발족시키고 활동에 들어갔다. 한편 진주에서는 도청이전 환원을 위한 운동으로 1962년 12월 10일, 진주시 촉석루에서 「범시민궐기대회」가 개최됨으로써 부산직할시 승격을 앞두고 치열하게 유치운동이 벌어지기 시작했다.

이 같은 도청유치운동은 국회로까지 비화되어 진주 출신 국회의원들과 마산 출신 국회의원들이 각자 별도의 도청 이전 결의안을 국회에 제출하는 사태에까지 이르러 한층 열기를 더했다.

도청유치를 둘러싸고 과열경쟁이 벌어지자 결국 당시 박정희 대통령의 중재로 한동안 잠잠해졌다. 그러나 정면대결을 잠시 피했을 뿐, 내면적인 유치운동은 쉽게 가라앉지 않았다. 보이지 않는 암투는 수면 아래로 잠시 가라앉은 것뿐이었다.

이로 인해 도청 이전은 1980년 12월, 서울 삼청동 입법회의장 분과위원회에서 의결되기까지 약 20년의 시간이 걸렸다.

묵은 숙제 해결 기회 도래

입법회의에서 도청 이전 문제가 상정 의결된 이면에는 당시 최종호 도지사의 재빠른 판단과 과감한 추진이 있었다.

최 지사님은 1980년 7월 내무부차관보에서 경남도지사로 발령을 받고 부임한 후 파악한 경남도의 숙원사업 중 가장 우선순위에 둔 것이 2가지였는데, 바로 도청 이전과 전국체전 유치였다. 그때까지 경남은 전국체육대회를 한 번도 개최하지 못하고 있었다.

어느 날 갑자기 20여 년의 숙제를 단숨에 해결할 기회가 왔다. 최 지사님이 그 기회를 멋지게 잡은 것이었다. 그 절호의 기회를 판단력이 남다르게 빠른 최종호 도지사께서 놓칠 분이 아니었다. 그 분은 행정의 달인답게 20여 년간 해결할 엄두를 못 내고 있던 도청 이전을 단숨에 성사시켰던 것이다.

1979년 그해, 뜻밖의 정변이 생기고 비상사태로 인한 계엄령하에 국회가 해산되고 입법회의가 만들어 지는 정치적으로 큰 파동이 있었다. 자기 지역으로 도청을 이전하려는 주장을 고집해 온 지역구 국회의원이 없어졌으니 큰 장벽이 없어진 셈이었다. 그 기회를 활용하기 위해 경남도에서는 도청 이전 계획을 재빠르게 수립하고 신속하게 중앙정부와 협의에 들어갔던 것이다.

다행스럽게도 새로 권력을 잡은 분이 경남 출신이었으므로 '도청이전 계획안'은 일사천리로 결재를 받을 수 있었다. 이내 1980년 12월 입법회의에 아무런 문제 없이 상정되었고, 1981년 3월 31일,

국가보위 입법회의 본회의에서 창원 신도시에 도청을 두게 한다는 「경상남도사무소의 소재지 변경에 관한 법률안」(법률제3426호)이 무난하게 처리·통과되어 빠른 속도로 도청 이전의 발판이 마련되었던 것이다.

당시 이전 명분은 이러했다. ① 도민의 긍지와 편익을 증진하고 ② 도정 수행의 능률성을 제고하며 ③ 균형 있는 지역개발을 촉진시킴으로써 도민의 일체감을 강화한다는 것이었다.

도청은 제3의 창원 신도시로

1981년 3월 31일, 국가보위 입법회의 본회의에서 창원 신도시에 도청을 두게 한다는 법이 통과되니 20여 년에 걸쳐 눈에 보이지 않게 진행되었던 지역 주민들 간의 치열한 유치경쟁은 막을 내리게 되었다.

한편 이전될 도청 소재지는 그동안 첨예하게 대립하여 논란이 되어 왔던 진주나 마산이 아닌 제3의 지역인 창원으로 확정됨에 따라 큰 걸림돌로 작용하였던 2가지 과제가 명분을 충분히 살려 일거에 문제점들이 사라지게 되었다.

1963년 부산직할시 승격과 함께 20년 6개월간의 부산 더부살이를 한 다음 도청이 경남도내로 옮길 수 있게 된 것이었다. 이 일은 부산에서 일제강점기 35년을 끝내고 난 뒤 1946년 1월, 당시 김병규(金秉圭) 씨가 초대 도지사로 임명된 이후 350만 도민들의 숙원이 이루어진 가장 뜻깊은 일이라 생각된다.

치열한 유치 운동을 벌였던 두 지역에서는 물론 불만이 있었겠으나 대국적인 측면에서는 그만 양해하지 않을 수 없는 상황이 된 것이었다.

도청 이전 부지 문제는 아주 쉽게 해결이 될 수 있었다.

그 당시 창원에 신도시 계획을 수립할 때 지금의 도청 부지를 남북 간에 제2의 6·25를 가상하여 국가기관(청와대 등) 임시 이전 부지로 진작 선정하여 확보해 놓고 있었던 것이었다. 면적도 약 6만 평으로 위치상으로도 도청 부지로서 아주 적격이어서 이곳으로 쉽게 확정을 할 수가 있었다.

1970년대 중반 정부의 중화학공업 육성과 함께 창원이 한국 최초의 인공계획도시로 조성되면서 은밀한 정부차원의 계획에 따라 경남도청이 창원으로 이전할 수 있는 여건이 착착 마련되었다. 그 당위성은 드디어 많은 여론과 주장들을 일거에 잠재우면서 부산에서 창원 이전을 가능케 한 것이었다.

제5장

경남도정
창원시대가 열리다

경상남도청사

1983년 7월 1일 개청하여
창원 도정시대의 막을 열었다.

도청 창원 이전
숨은 이야기

도청 소재지는 창원으로

도청 창원 이전으로 결정

당시 최종호(崔鍾鎬) 경남도지사는 청사 이전 위치를 다각도로 검토하였는데 후보지로 창원(마산), 진주, 울산은 물론, 컴퍼스로 원을 그리면 경남의 정중앙이 되는 함안군 군북까지 포함시켜 암암리에 검토하였던 것으로 나중에 알려졌었다.

그러나 여러 측면에서 도청 이전 문제 등을 검토한 당시 최 지사는 창원으로 이전하는 것이 가장 바람직하고 타당하다는 생각을 했고 결국 최종 결정에 이르게 된 것이었다.

그 이유로는 창원에 한국 제일의 기계공단이 들어서 있는데다, 이웃에 마산수출자유지역이 있어 산업경제의 중추적 역할을 다하고 있었기 때문이었다. 또한 중부경남 인구가 13개 시군 163만 1,000명으로 전체의 49%였으며, 부마고속도로의 4차선 확장으로 균형 있는 지역개발과 교통의 요충지가 된 것이었다. 창원신도시 계획이 확정돼 관청의 용지 확보가 용이하였고, 청사 이전비가 적게 드는 등 타 지역보다 월등히 우선되는 좋은 조건들이 많았던 것도 빠뜨릴 수 없다.

여러 유리한 상황과 조건들을 검토한 끝에 「창원 도청 이전」이 마침내 결정됐다.

당시 마산, 창원, 진해가 합해져서 직할시로 승격되면 다시 도청의 이전 문제가 불거지지나 않을까 하는 우려가 있기도 했었다. 그러나 외국의 사례를 보면 연담도시로 나아가면 별 문제가 없으리라는 견해도 있었고, 통합할 필요성이 없다는 주장도 있기도 하여 우려했던 점들은 수면 아래로 사라졌다.

한편 거론되었던 진주는 서부지역에 편재되었다는 점과 여러 여건상 수용능력의 곤란, 부지확보도 어렵고 이전 비용도 많이 든다는 이유로, 함안군은 완전히 30만 규모의 신도시를 조성해야 하는데 그 경비가 엄청나고 조성 여건도 구비되지 않았으며, 도민의 여론도 기대치에 미치지 못한다는 판단을 배경으로 창원이 적격이라는 결론이 내려진 것이었다.

사실 함안 군북은 경남도의 중앙지로 가장 유력한 후보지로 거론되었는데 교통망의 미비로 인해 점차 수면 아래로 가라앉고 말았다. 사실 교통요충지에 있었거나 아니면 신도시 건설과 함께 새로운 교통망을 만들 만한 예산만 확보할 수 있었더라면 경남에 새롭고 현대적인 모습을 가진 도시 하나가 탄생하였을지도 모른다.

당시 창원 신도시는 인구 30만의 자족도시를 목표로 하고 있었는데 이전 시점 당시에는 13만 6,000여 명이었다. 즉 1982년 말 인구는 13만4,747명, 1983년 말에는 14만 3,439명으로 증가되었다.

〈낙도의 탑〉에 새겨진 감격

창원시 사림동 1번지, 정병산 기슭 이곳에 1981년 12월 11일 역사적인 경남도청사 기공식을 가지게 되었다.

그 규모는 옛 부산 도청사의 6배로 대지 3만 8,000평, 연건평 6천143평, 지하 1층, 지상 5층의 현대식 건물이었다. 동시에 착공되었던 경찰국은 부지 1만 7,000평, 연건평 2,107평, 지하 1층, 지상 3층으로 건축비는 58억 원이었다.

착공 당시, 매머드 도청사와 경찰국, 도지사 공관, 후생관 등에 투입된 건축비 전체 예산액은 217억 원이었으며, 전체 부지면적은 5만 7,000평에 건평은 1만 88평이나 되었다.

폭염이 최고조에 달했던 2013년, 그 당시 있었던 일화 한 토막이 생각난다.

당시 실시 설계는 공모를 거쳐 (주)정일엔지니어링에서 담당하였는데 설계심의위원회에서 심의를 할 때 심의위원인 대학교수들이 "관공서 건물은 특징이 없는 것이 특징입니다."라고 말한 것으로 기억한다. 최근에 와서 서울시청과 용산구청, 용인시청, 경남도청

도청 정문에 서 있는 경남도의 번영을 기원하는 낙도의 탑

별관 등 공공기관들의 청사가 유리벽 대형 건물로 에너지 소비형으로 지어졌다. 그래서 2013년 여름의 찜통더위에도 불구하고 전력부족으로 에어컨도 제대로 켜지 못하여 근무자들이 힘들어 했다는 이야기를 듣고 보니, 그때 심의위원들이 정말 현명한 안목을 가진 분들이라고 생각하게 되었다.

1981년 12월 착공 후 2년 7개월여 동안의 공사를 마치고 마침내 1983년 7월 1일, 현대식 도청 건물 앞에서 화려한 개청식을 갖고 대망의 창원 도정시대의 막을 열게 된 것이었다.

창원 도정시대 초대 도지사인 이규효 지사는 도청 건물이 환하게 바라보이는 정문 곁에 1983년 10월에 〈낙도의 탑〉을 세우고 비문에 그 당시의 열망과 기쁨을 그대로 나타냈다.

> 우리는 58年間의 긴 釜山 道政時代의 幕을 내리고 瑞氣어린 精兵山 기슭 慶南 땅 이곳에 昌原 새 道政時代의 幕을 열었나니 이제 온 道民이 和合과 矜持로서 樂道 慶南建設의 뜻을 함께함으로 우리의 앞날에 安定과 豊饒 그리고 榮光이 있을 뿐이어라. 우리의 이 懇切한 所望을 表象하기 爲하여 塔을 세우고 이름하여 樂道의 塔이라 하였다.

도청 이전 숨은 이야기

말도 많고 탈도 많았던 도청 이전지가 창원으로 어렵게 확정되었으나 이전에 따라 예상되는 제반 사업비 곧 예산확보라는 난관이 다음 문제로 등장했다. 뿐만 아니라 당초 계획과 달리 장래를 위해서 부지를 확장해야 한다는 것, 건물 외벽을 돌로 마감하려던 것도 차질이 생기고 건물 주변의 환경 조성 또한 예산이 부족하여 도민들의 협조가 필요한 상황이었던 것이다.

그런 여러 문제들을 해결해 내기까지 도민들에게 잘 알려지지 않은 숨은 이야기들이 많이 있다.

비상이 걸린 건축비 예산확보

그때만 해도 국가 재정능력이 빈약하고 어려웠으며 또한 경남도의 예산도 아주 열악했다.

1983년 경남도의 본청 전체예산을 살펴보면 일반회계 1천464억 원, 특별회계 123억 원 총 1천587억 원 정도였으니 빈약하기 그지없었다. 그러니 새 청사 건립비 확보는 난감하기만 했었다. 당시 도본청과 시·군 예산을 합쳐 3천억 원이었다.

도청 건축 부지는 창원시 소유로 되어 있었기 때문에 대금은 나중에 천천히 지급해도 되었지만 당장은 건축비 예산 확보가 시급했다. 우선 건축비가 본청과 경찰국(그때는 경찰국이 도지사 아래 실·국으로 조직 편제가 되어 있었으므로 동시에 건축되어야 했다)을 합쳐 약 200억 원 정도 소요되었는데 그 예산확보에 비상이 걸렸다.

경남도의 재정력이 빈약하였기에 제일 먼저 거론된 방안이 부산의 도청 건물을 매각하자는 것이었다. 그러면 청사매각 대금을 충분히 신축경비로 충당할 수 있기 때문이었다.

그런데 그것도 또 다른 어려운 난관에 봉착하고 말았다. 그 건물은 일정시대 튼튼하게 벽돌도 잘 지어져 역사적인 가치가 있어 지방문화재로 등록이 되어 있었기 때문이었다. 그러므로 일반 건물로는 사용을 못 하도록 구조변경 등이 제한되어 있어 일반용 매도가 쉽지 않았다.

그런데 다행스럽게도 좋은 해결방법이 나타났다. 마침 옆에 위치하고 있던 부산지방법원과 지방검찰청의 청사 건물이 낡고 비좁아서 도청 건물을 법무부에서 인수하여 사용키로 하였으면 하는 의

도청사 기공식장에 가득 모인 도민들

향이 있었던 것이었다. 정말 반가운 일이라 곧 협의가 이루어졌다. 그런데 매입 예산 확보가 빠른 시일 내 어려워진 법무부에서는 국비 예산을 확보하는 대로 연불로 지불하겠다는 조건부 협의를 내놓았다. 논의 끝에 도에서는 그렇게 하기로 받아들일 수밖에 없었다. 그와 보조를 맞추어 경남도에서도 법무부로부터 대금을 받는 액수만큼 시공회사인 공영토건(토목·건축), 금호건설(전기), 롯데건설(통신)에 분할 지급하겠다는 등의 형식으로 관계자들 간에 집행방안의 절충이 이루어져 건축비 확보문제는 원만하게 해결이 되었던 것이다.

부산지법과 부산지검 두 기관이 옛 도청 청사로 이전하기는 1984

경남도청 개청 축하공연으로 길놀이가 펼쳐졌다.(사진제공 : 경남신문 DB, 1983. 7. 1)

년 10월이었다.

부지 확장과 화이트하우스

그와 같은 복잡한 절차를 거쳐 도청 신축공사 착공이 이루어지게 되었다.

그런데 중도에 또 다른 변화가 있었다. 신축공사가 진행되고 있는 중에 최종호 도지사가 82년 5월 25일자로 부산직할시장으로 발령이 난 것이었다.

후임으로는 이규효 건설부 차관이었다. 신임 이 지사는 부임하고서 현장을 둘러보고는 두 가지를 변경하도록 지시를 하였다.

하나는 현재 확보된 도청의 부지 면적으로는 머잖은 장래에는 협소하다고 할 터이니 터를 더 확대하였으면 했고, 또 다른 지시사항은 건물 외벽을 흰색 페인트칠을 하기로 되어 있었던 것을 돌 붙임으로 하면 건물의 내구성이나 외관상 좋을 것이니 수정하라고 한 것이었다. 도지사의 수정지시에 따라 설계변경을 하도록 담당자들이 검토를 하였다.

청사 부지면적은 이 지사의 지시에 따라 확장할 부지를 쉽게 확보하게 되었다. 그러나 외벽 돌 붙임은 결국 당시 소요 예산 2억 원의 확보가 어려워 포기하고 흰 페인트로 처리하게 되어 오늘날 '화이트 하우스'가 되었다.

만약 30여 년 전 예산이 넉넉해 돌 붙임으로 외장을 했다면 지금과 같은 하얀 건물은 볼 수 없었을 것이다. 하얀색은 깨끗하고 단아하다. 건물도 사람도 인연이 있는가 보다. 돌 붙임으로 했다면 도청 건물은 지금 어떤 모습을 띠었을지 궁금해 진다.

당시 국가 경제력의 빈약으로 인하여 지방재정도 참 어려웠다. 또 창원시의 재정도 어려운 상황이라 도에서 예산 조달이 불가능하게 되어 있었다. 당시 창원시의 신도시개발 방식은 전면매수 후 공장부지와 택지로 구획정리한 다음 분양하는 방식으로 도시개발 특별회계로 운영하고 있었다. 그런데 신도시를 조성해 가던 창원시는 개발한 땅이 순조롭게 매각되지 않았다. 그래서 1982년도는 당시 경남은행으로부터 200억 원의 기채를 내어서 사업을 추진하고 있던 때였다.

그 이후 건물 신축공사는 큰 문제없이 순조롭게 진행이 되었다. 마산지역과 서부경남지역으로 출장이 있을 때마다 이규효 지사께서 도청 공사현장을 둘러보시곤 했다. 그때마다 하나하나 문제점을 지적을 하는 바람에 최용호 건설본부장과 박세달 담당관은 매일 긴장해서 작업을 진행하여야 했다. 내가 비서로 도지사를 수행하면서 이것저것 직접 보고 듣고 느껴서 누구보다 많은 이야기를 털어놓을 수 있는 것이다.

도지사의 특별한 관심으로 완벽하고 튼튼한 건물로 준공이 되었고 1983년 7월 1일, 역사적으로 경남도민의 품으로 도청이 창원으로 이전하게 되었다.

도청 정원 조경과 후면의 송림원

도청 건물이 점점 시일이 지남에 따라 제 모습을 잡아가자 건물 주위의 조경에 대한 계획을 수립하도록 했다.

제일 먼저 나온 제안이 도청 건물이 바로 도민의 집이기도 하니 도민들의 헌수(獻樹)로 도청의 정원을 아름답게 꾸며보자는 제안이었다. 그래서 당시 이규효 도지사는 도내 전 읍·면장(동장은 제외)에게 특별 지시를 했다. 헌수운동이었다.

'읍면동 관내에 있는 소나무 중 제일 멋지고 좋은 수형으로 정원수가 될 만한 소나무 1그루씩을 선정해 도청 후면 정원에 기념식수를 하자'는 특별지시를 했던 것이다.

이렇게 해서 도내 곳곳에서 특색 있는 소나무 200여 그루를 도

도청 후면에 있는 송림원
도내 20개 시·군, 200개 읍·면에서 한 그루씩 소나무를 헌수받아 조성되었다.

도청 뒤편에 조성된 송림원 기념비

청 후면에 심었는데 그곳은 도민의 정성이 담긴 뜻깊은 정원이 되었다. 큰돈 들이지 않고도 아주 멋진 소나무 숲을 만들 수 있었으니 일거양득이 아닐 수 없었다.

당시 내력을 새긴 기념표석이 있으니 〈松林園 造成記念〉이며, 그 내용은 다음과 같다.

> 昌原 道政時代 開幕을 記念하고 道民의 精誠을 푸른 소나무에 담아 道政의 永遠한 發展을 祈願하면서 各 邑面에서 한 그루씩을 獻樹받아 여기 220本의 松林을 造成하다.
>
> 1984. 3. 7

지금의 도립미술관과 도청 사이에 있는 푸르른 소나무 숲은 누구나 쉴 수 있는 힐링 공간이기도 하다.

소나무 정원의 나무 아래에는 〈거창군 고제면〉 등 여러 읍·면 단위의 명찰이 석판으로 새겨져 있다. 이것은 한참 뒤에 어떤 분의 아이디어로 해당지역 이름(어느 읍·면)을 새겨 붙였는데 별로 정확하지는 못하다.

왜냐하면 심을 때 명패를 나무 앞에 설치했으면 어디서 온 소나무인지 정확했을 터인데 세월이 한참 지나고 보니 어디서 온 것인지 혼동되는 경우가 많았다. 그때 그런 생각을 일찍 하지 못했던 당시 공무원들의 창의성이나 아이디어가 조금 부족했던 결과가 아니었나 싶어 아쉬움이 남기도 한다. 앞으로 이런 우(愚)를 범하지 않았으면 한다.

삼성그룹에서 기증한 소나무

도청 현관 입구 양쪽 옆에는 황새 모양의 소나무가 심어져 있다. 이 소나무들은 모두 삼성그룹 이병철 회장이 기증한 것이다.

그 당시 이규효 도지사께서 서울 태평로 삼성그룹 본사를 방문하여 이병철 삼성그룹 회장께, "고향인 경남도청 이전에 따른 기념식수를 해주시기 바랍니다"라고 청을 하여 이루어진 것이었다.

이병철 회장은 도지사의 청을 반갑게 여긴다면서 삼성그룹 소유인 에버랜드에 있는 소나무 중 최고로 수형이 좋은 8그루를 고르고 가져가 심도록 흔쾌히 기증해 주었다.

현관의 소나무는 이병철 삼성그룹 회장이 기증했다.

소나무는 옮기면 잘 살지 않는 특성이 있기 때문에 이병철 회장은 에버랜드 정원을 돌보는 기술자를 나무와 함께 보내 식재하고 관리하는데 신경을 써주었다. 사실 나무를 살리는데 그 후 애를 많이 먹었는데 착근하여 완전 살았다고 안심을 할 때까지 이병철 회장께서 계속 관심을 가지고 챙겨 주는 등 애착을 보여 주셨다.

그 소나무는 지금까지 잘 자라고 있는데 나는 그때 삼성을 일으킨 우리나라 대표 기업인 이 회장이 역시 고향을 사랑하는 그 마음도 남다르다는 인상을 확실하게 받게 되었다.

헌수 기증으로 이루어진 조경

도청 앞 광장 정원에 심어져 있는 모과나무를 비롯하여 대부분 수목들은 예산으로 매입한 것이 아니다. 도내 기업인과 유지들의 헌수로 식재되었으며 30여 년의 세월이 지난 오늘날에는 울창한 숲으로 변하여 우거져 있다.

광장 동편에 만들어진 경남도의 지도 모형을 그대로 표현한 연못 또한 명물로 많은 도민들의 산책 장소로 이용되고 있다. 남해대교, 거제도 등의 모형이 물 위에 비치고 비단잉어가 한가롭게 노니는 연못 풍경은 정말로 아름답다. 이 연못(3,350m^2)은 부곡하와이 배종성 회장(재일본 경남도민회 교포 1세대)께서 거금을 기증해 주어서 이루어진 명소이다.

연못가 배롱나무(백일홍)는 합천댐 수몰지역에 있었던 나무였다. 그 당시 경북도에서 주말을 이용하여 2그루를 경북으로 옮겨가려

합천댐 수몰지에서 공수해 심은 500년 된 배롱나무

하는 것을 알게 된 관할 면장이 도에 긴급 보고를 하였던 것이다. 수령이 500년이나 된 배롱나무를 경북으로 가져간다는 사실을 알게 된 이규효 도지사께서 1그루는 경북도에 주고 1그루는 도청으로 옮겨오도록 급히 조치 결정하여 나무를 헬기로 공수해 와서 식재하도록 하는 소동이 일어나기도 하였다. 지금 그 배롱나무는 여름이면 붉은 꽃을 가지마다 가득 피우고 있다.

지금 도청 정원의 조경면적은 10만 6,000㎡에 느티나무 등 92종, 3만 2,000그루 등이 식재되어 멋진 풍경을 연출하고 있으며 휴일은 물론 평일에도 어린이들의 견학장소로 널리 애용되고 있다.

도청 을지 연습장

당시에 도청에서는 을지 연습장을 청사와 별도로 보유를 하도록 되어 있었다. 을지 연습은 매년 국가비상사태를 대비하여 실시해 오고 있는 훈련으로 매우 비중이 높아 국가기관 직원이 전부 참여하고 있었다.

그래서 청사를 창원으로 이전하면서 별도의 장소에 을지 연습장을 위한 지하시설을 마련하기 위해 계획을 수립하였다.

부산에 도청이 있었던 시절에는 엄궁동 산비탈에 지하 땅굴로 시설을 만들어 사용한 을지 연습장이 있었다. 그것을 이전하면서 동아대학교에 매각을 하였다.

창원에 이전하면서 처음 계획한 위치는 지금의 도립미술관 뒤편의 산이었다. 도청에서 도보로 갈 수 있는 근거리 위치에 지하 벙커를 만들어 을지 연습장으로 사용할 계획으로 건립을 추진했었다. 그러나 여러 여건이 맞지 않아 부득이 그런 계획을 취소하고 도청 건물 지하를 을지 연습장으로 대체 사용하기로 결정하고 말았다.

지금도 도청 지하실을 을지 연습장으로 계속 사용하고 있다.

도청 상황실 사계절 그림

도청 상황실(현재 도정 회의실)에 가 보면 대형 그림 4점이 걸려 있는데 참으로 아름다운 경상남도 4경이라 불릴 만한 작품들이다.

그 작품들은 경남도내 경치가 빼어난 산천 4곳의 4계절을 그린 대형그림으로 벽면에 걸어 놓아 방문객 누구든지 감상할 수가 있다. 봄은 지리산(智異山), 여름은 거제 해금강, 가을은 합천 가야산(伽倻山), 겨울은 울주 가지산으로 이 모두 그 당시 국내 동양화 최고 권위 화가 일랑(一浪) 이종상(李鍾祥) 선생의 작품이다.

이 대형 그림들은 경남도청 개청을 축하하고 기념하기 위하여 도내 출신 기업인들의 기증으로 이루어진 것이었다.

기증해 주신 분들은 럭키그룹 구자경(具滋暻) 회장《봄의 지리산》, 삼성그룹 이병철(李秉喆) 회장《여름의 거제 해금강》, 무학그룹 최위승(崔渭昇) 회장《가을의 합천 가야산》, 국제그룹 양정모(梁正模) 회장《겨울의 울주 가지산》등 네 분이었다. 도청 창원이전 기념으로 대작 한 폭씩 기증을 해 주셨으니 참으로 훌륭한 일이 아닐 수 없었다. 그림 1점에 그 당시 금액으로 2천만 원 이상 호가하는 거액으로 알려졌었다.

또 다른 그림도 걸려 있는데 통영 출신 김형근 화가의《한려수도》와 고려개발에서 기증한 김창락 화가의 작품인 거창의 농촌을 그린《고향의 봄》등이 있다.

그림뿐만 아니라 조각 작품도 있는데 우리 향토 출신 세계적 조각가 문신 선생의 작품《화(和)》이다. 울산 현대엔진 김영주 회장이 기증하신 것으로 역시 당시 최고가로 평가되는 작품이었다.

도청 건물 배치 그 뒤 얘기

도청과 여타 기관, 기타 여러 부속 건물을 배치할 때 여러 가지 의견이 도출되었다.

먼저 중앙 위치에 도청을 앉히고 그 동편으로 도경찰국(지금의 경찰청), 서편으로(현재 서편주차장) 차후 지방자치제가 부활 시행이 되면 도의회 건물을 배치하는 것을 기본으로 삼았던 것이다. 즉 우 의회, 좌 경찰 배치 계획이었다.

그리고 도 단위 기관인 경남도교육청은 현재의 도의회 건물 자리에 배치하기로 했던 것이다. 그런데 경남도교육청 직원들이 당초 결정된 자리인 경찰국 바로 옆에 대하여 부담을 가지면서 불만스러워했다. 결국 도교육청은 현재의 도청 앞쪽으로 위치 변경을 하게 되었다. 그 자리에는 후에 경남도의회 건물이 건립되었다.

도지사 관사
건립 이야기

늦어진 도지사 관사 신축

관사 신축 설왕설래로 지연

경남도청을 지으면서 우여곡절을 겪은 것은 도지사 관사 위치를 어디로 잡느냐? 어떤 규모로 어떻게 지을 것이냐 하는 문제였다.

관사는 도지사가 가장 가까운 거리에서 밤낮을 구분하지 않는 비상사태나 돌발적인 업무를 수행하기 위한 필수적인 집이었다. 대부분의 기관장이 관사에 거주하는 것도 바로 그러한 연유이다. 도지사의 업무가 너무나 광범위하고 막중하다보니 관사는 도청의 지근거리에 있어야 했으므로 맨 처음 거론된 후보지는 바로 도청 뒤편이었다.

그곳은 창원에서 풍수지리상 명당으로 알려진 사림동의 현재 도지사 관사로 사용하고 있는 옛 부지사 관사(현재 간부합동 관사) 위쪽 언덕 대나무밭 일대였다. 그 위치에 터를 잡았는데 곧이어 문제점이 제기되었다. 1980년대 초에는 대학생들의 시위가 많았던 시대였다.

그러니 그곳이 창원대학교와 지근거리에 있고 시위가 일어나게 되면 경찰 기동대와 학생들이 대학교 정문에서 대치할 것이 당연히 예상되었다. 시위 때 최루탄 가스를 사용하게 되면 관사 예정지까지 날아올 수 있고 시위학생들이 쫓아 올 수 있는 거리이므로 부적절하다는 문제점이 대두되었다.

결국 논의 끝에 다른 곳으로 위치를 선정하게 되었는데 최종적으로 결정한 부지가 바로 용호동 59번지 지금의 '경남도민의 집터'였다. 부지면적 9,884㎡, 지하 1층, 지상 2층으로 지어졌다.

실은 관사 규모를 얼마나 크게 지어야 하느냐 하는 단계에서 계획 확정이 늦어지거나 변경되는 바람에 관사 신축이 상당 시일 또다시 늦어지게 되기도 하였다.

1983년 7월 1일자로 도청 이전이 진행되어 도청 직원과 장비 등이 모두 창원으로 이사를 왔지만 도지사가 입주할 관사가 완공되지 않아 임시로 신촌동에 아파트(세신실업 소유)를 전세 내어 임시 도지사 관사로 사용하게 되었다. 건물이 완공되고 입주가 완료되기는 1984년으로 1년여 지체되었다.

관사 신축 지연과 규모 축소

관사의 신축이 늦어지게 된 이유는 다름이 아니었다.

제5공화국이 들어서면서 대통령이 지방 출장 시에 숙박을 할 수 있는 곳을 시·도지사 관사를 이용하는 것으로 방침이 정해지면서 관사를 지을 때 꼭 유의해야 할 사항이 하나 더 늘어나게 되었다. 대통령이 방문하거나 순시하면서 지사 관사를 사용하는 것은 경호가 용이하기 때문이기도 하였다. 지역의 특급호텔을 이용하게 되면 비용도 많이 소요되지만 그 시점에 호텔 이용객들에게 많은 불편을 주기 때문에 도지사 관사 이용방침이 정해졌던 것이다.

설계 도서를 작성할 때 대통령이 숙박하는데 조금도 불편함이 없도록 유념하여야 했다. 그러므로 설계 단계에서부터 청와대 경호실과 협의하여야 했으며 완전히 합의가 된 이후 착공할 수 있었다. 모든 일이 그렇게 추진되었으니 상당한 시일이 걸릴 수밖에 없었다. 관사 안에 대통령이 숙박할 수 있는 숙소를 별도로 지으려면 평소 도지사 거주 공간과 달리하면서도 관사와 겸하여야 하므로 그 규모가 당연히 클 수밖에 없었다.

처음 설계를 한 후 청와대 협의 후 착공하려 할 때는 큰 규모였다. 그런데 착공 단계에 들어갈 즈음 청와대 경호실에서 갑자기 다른 지시가 내려왔던 것이다. 변경된 지시사항인즉, 경남은 창원에서 불과 30분 거리인 인근 진해 해군통제부 안에 기존 공관이 있으므로 그곳을 사용하면 되니까 도지사 관사 내의 별도 대통령 숙소는 필요치 않다는 것이었다.

도에서는 부랴부랴 진행 중이던 공사의 설계를 뒤늦게 고쳐야 했다. 그러나 기반 시설이나 기초공사를 한창 진행하던 시기라 설계변경이 쉽지 않았다. 갑자기 규모를 축소시키는 바람에 부지면적은 넓게 잡았으나 건물 구조는 짜임새가 없게 되고 말았다. 밖에서 보면 관사 규모가 큰 듯 보이지만 실제 안으로 들어가 내부의 구조를 살펴보면 별로 공간이 넓지 않은 구조로 되어 있다.

결국 다 지어놓고 보니 쓸모 있는 공간이 별로 없다는 평가를 받고 말았다.

지사 관사가 '도민의 집'으로

우여곡절 겪은 지사관사

우여곡절을 거치면서 지어진 도지사 관사는 그 후 20년 뒤 또 다른 곡절을 겪고 그만 '도민의 집'으로 변하고 말았다.

2002년도 6월, 지방선거(도지사)에서 야당은 전국적으로 지방청와대(대부분 시·도지사 관사)를 없애야 한다고 선거 이슈화를 하고 나섰다. 경남에서도 도지사 후보 TV토론에서 야당 후보가 관사 폐지문제를 제기하고 나섰다.

그 이후 계속해서 지방의회에서도 야당 의원들이 관사를 도민들에게 돌려주어야 한다고 계속 주장하였다. 사실 경남의 지사 관사는 지방청와대가 아니었다. 대통령이 경남에 와서 사용하는 숙소는 진해에 있었기에 한 번도 지사 관사에서 숙박한 적이 없었다.

그런데도 정치적인 압박과 공격이 계속되었다. 사회단체까지 함께 나서서 비난을 퍼부었다.

도의 총체적인 행정을 맡은 도지사가 도청과 거리가 먼 주택에 거주하게 되면 업무 처리에 막심한 지장이 있다고 도에서는 계속 주장을 했지만 먹혀들어 가지 않았다.

결국 그 바람에 경남도에서도 관사 사용을 폐지하지 않을 수 없게 되었다. 당시 김혁규 도지사는 관사에서 나와서 개인 아파트를 구입하여 이사를 하게 되었다.

그 후에 관사는 폐지되면서 그것을 어떤 용도로 사용하여야 하는가 하고 또 다른 논쟁이 벌어졌다. 결국 다음 도지사 시절 용도변경에 따른 다양한 의견 수렴으로 '경남도민의 집'으로 되었다. 그런데 그곳이 현재 볼거리와 특징이 없는 '반쪽 이용'으로 전락되었다는 언론 지적이 있었다.

관사를 지은 지 30여 년이 지난 지금 당시 심은 정원수들은 잘 자라 이제는 숲을 이루었다. 도심에서 새소리도 들을 수 있게 되었다.

말 바꾸는 도지사

2002년도 지방선거 때 선거이슈화로 TV토론회장에서 제일 먼저 문제제기를 하였던 분이 2010년에 도지사로 당선되고서는 기존 입장을 바꾸었다. 전임 지사처럼 개인 사택에 입주하지 않고 그때까지 행정부지사가 사용하고 있던 관사인 사림동 58-1번지 1,522㎡

부지에 연건평 258㎡, 2층 건물을 도지사 관사로 사용키로 하고 입주했다. 이에 언론과 사회단체에서 관사 폐지를 주장했던 분이 입장이 바뀌었다고 입주를 강행하면 안 된다는 문제점을 지적하며 사용하지 않도록 요청했지만 돈이 없다는 구실로 넘어가는 모습을 볼 수 있었다.

사실 관사를 사용하면 관리비 일체는 물론이고 경비원 2명과 청소인부를 도의 예산으로 지출하게 되며, 만약 개인 사택에 입주하면 도지사 개인 돈으로 관리비를 지출해야 했으니 그분의 선택이 현명하지를 않았나 하는 생각이 든다. 욕을 좀 얻어먹기는 하겠지만.

이에 대해 당시 경남도의회에서 관사문제를 제기하며 열불을 냈던 분이 생각난다. 그분은 불행히도 임기 중에 별세를 하였는데 만약 그분께서 살아계셨더라면 그 이후 상황변화에 어떻게 생각하는지를 물어 볼 수가 있겠는데 이 세상에 안 계시니 안타까울 뿐이다.

지사 관사에 대한 설왕설래를 이제와 돌이켜보니 말 바꾸기 정치행태에 대한 한심스러운 생각이 들기도 한다.

도청 창원 이전의 주역
두 도지사

도청 창원 이전의 두 주역

경남도청 창원 이전에 큰 공적을 남기신 주역을 꼽으라면 단연 최종호 도지사와 이규효 도지사이다. 두 분 도지사 중 최종호 도지사는 도청 창원 이전을 결정하였고, 이규효 도지사는 이전을 완성했다.

행정에 정통한 최종호(崔鍾鎬) 도지사

제20대 최종호 지사(1980. 7~1982. 5)는 내무부 관료 출신으로 내무부 지방국장, 차관보 등을 거쳐 경남도지사를 역임했고, 이후 부산직할시장, 국가보훈처장 등을 지냈다. 최 지사는 지방행정에 정통하였다. 선비 고을인 경북 칠곡 출신으로 경북대 법과를 졸업했는데 단아한 선비형으로 늘 공부하는 자세였다.

꼼꼼한 성품으로 부임 후 도정의 최대 현안이었던 전국체전 유치와 도청 이전을 기획하여 추진하였다. 당시는 제5공화국이 출범한 직후라 사회적으로 치안 등이 안정기로 접어들었던 시기로 선비형의 리더십을 가진 최 지사가 적임자였다고 볼 수 있다.

저녁 잠자리에 들 때 메모지와 볼펜을 머리맡에 두고서 잠이 들 때까지 좋은 아이디어가 떠오르면 불을 켜지 않은 상태에서 막 써 놓았다가 다음 날 아침에 정리할 정도로 열심이고 깔끔했다.

최종호 도지사(당시 부산직할시장)와 이규효 도지사(1983년 6월 30일 부산 도청을 떠나면서 기념촬영)

82년에 전국체전을 마산에 최초로 유치했을 때는 마산이 전국 7대 도시라는 명성을 가지고 있었으나 너무나 낙후되고 6·25전쟁의 흔적인 판자촌과 무허가 건물, 루핑촌의 집단 거주지나 골목에는 지저분한 공동화장실 등이 즐비했으며 도로 사정도 열악했다.

당시 마산시장(관선시대 임명직)은 이판석(뒤에 경북도지사 역임) 씨로 경북 출신인 최 지사의 후배이기도 했다. 내무부차관보와 재정과장으로 같이 근무했던 사이인데 경남에서 다시 만나 호흡을 함께하고 있었다. 정부에 특별교부세 신청 등 국비 예산 사업비 확보에도 힘을 모을 수 있었다. 때마침 내무부장관도 통영 출신 서정화 장관이어서 예산 확보가 용이하였다.

지금의 육호광장 주변 도로개설, 공설운동장 건설, 북마산 판자촌 주거정비 등을 과감하게 추진하였던 것이다. 만약 그때 전국체전이라는 대내외적인 명분을 앞세워 각종 민원 해결과 국가예산 확보, 마산만 매립(기존 어시장 앞), 시가지 확장 추진 등의 계기가 없었더라면 오늘의 마산은 볼 수 없었을 것이고 낙후된 모습 그대로의 마산으로 남아 있지 않았을까 하고 유추해 본다.

최 지사는 부산에서 경남도내로 경남 도청 이전을 기획하여 경남도청 창원시대를 열도록 했으며 1982년도 전국체육대회를 경남 최초로 유치하는데 크게 기여하였다.

낙도 경남 건설을 견인한 이규효(李圭孝) 도지사

제21대 이규효●● 지사(1982. 5~1985. 2)는 고성 출신으로 고등고시 행정·사법 양과를 합격한 수재였다. 진주사범을 졸업하고 잠시 초등학교 교편을 잡다가 서울대 법대에 진학했으며 한국산업은행에도 근무한 전력이 있다.

서울시 국장, 건설부 차관을 거쳐 경남도백이 되었다. 고등고시 사법과 출신이었으므로 역대 어느 도지사보다 검찰과 법원과의 관계가 원만하여 도청 조직을 안정시키면서 개발 연대에 걸맞게 건설부 출신의 도정 책임자로서 적임이었다는 평가를 받았다.

신언서판(身言書判)을 모두 갖췄다는 평을 받았으며 언제나 소탈

하고 업무처리에도 소홀함이 없었다.

경남도청 창원 이전을 성공리에 완료하여 도민의 오랜 숙원을 해결하였고 1982년 10월에는 전국체전을 역대 어느 대회보다 내실 있고 성대하게 마산에서 성공적으로 개최하여 경남의 체육 발전은 물론 도민의 화합에도 크게 기여하였다. 3년의 재임기간 중 '낙도 경남 건설'을 기치로 경남 발전을 견인했다는 평을 받았다.

경남도지사 역임 이후 내무부 차관, 건설부장관을 역임하였고 퇴임 후에는 변호사로 활동하시기도 했다.

우연인지 모르지만 내가 모셨던 도지사님들은 공통점을 가지고 있다. 70년대 후반부터 80년대에는 민주화로 가는 길목이라고 볼 수 있는 시기였는데 지금의 민선보다는 당시 관선 자치단체장의 힘은 막강했다고 볼 수 있다. 그런데 특이하게도 이들 도지사 부인들은 조용히 외부활동을 자제하면서 내조를 했지 외적인 공식 활동에는 초연했다. 필자의 기억으로는 단 한차례도 공식 행사장에 나타난 적이 없었다.

요즘은 민선자치 시대이다. 그래서인지 여기저기서 우려의 목소리가 흘러나온다. 의전부서 담당공무원들이 힘들어한다는 여론을 귀담아들었으면 한다.

- 최종호(崔鍾鎬) : 1930년 경북 칠곡에서 출생. 경북대 법과 졸업, 제20대 경남 도지사(1980. 7.18~1982. 5.24)로 재직.
- ● 이규효(李圭孝) : 1933년 경남 고성에서 출생. 서울대 법과 졸업. 고등고시 행정, 사법 양과 합격(10회). 제21대 경남도지사(1982. 5.25~1985. 2.20)로 재직.

제6장

도전과 모험의 세월

해외 건설 현장에서

이규효 건설부장관을 수행하여
이라크 건설현장에서 일행과 함께

대망의 서울에서

내무부차관 비서관 시절

행정의 중심 내무부

1985년 2월 20일자로 나는 내무부에서 근무하게 되었다.

내무부 차관 비서관으로 발령이 났기 때문이었다. 이규효 경남도지사가 내무부 차관으로 임명되었는데 그 당시 내가 이 지사님 수행비서로 일하고 있었던 인연으로 내무부로 자연스럽게 함께 자리를 옮기게 된 것이었다.

당시 내무부는 치안을 담당하는 경찰 조직과 소방업무, 지방행정을 관할하는 핵심기관으로서 권한과 책임이 막중한 중앙부처였다. 전국에서 일어나는 각종 정보들은 거미줄처럼 엉켜 있는 경찰조직 등 여러 채널에 의해서 제공되었다. 이런 실시간 발생되는 정보들은 매일 타이피스트 여직원의 손에 의해 정리되었으며, 나는 그 보고서를 통하여 항상 국내외 소식들을 신속하게 접할 수 있었다.

민첩하게 움직이는 사무관들의 행동과 일처리 능력은 중앙 어느 부처가 따라올 수 없을 정도로 숙련되고 기동성 있는 능력을 갖추고 있었다. 경쟁에서 이기는 자만이 관선시대 시장, 군수와 도지사 등의 명예를 가질 수 있었기에 밤잠을 설쳐가며 일하는 분위기가 확산돼 있었다. 이런 분위기 탓에 차관 비서관직을 수행하면서 여러 방면의 업무를 많이 경험하고 배울 수 있는 좋은 기회가 되었다. 또 전국 여러 관련 기관과 단체의 공무원들을 접촉하다보니 자연히 훌륭한 분들과 좋은 인연을 가질 수 있는 계기가 되기도 하였다.

함께 근무했던 거물들 면모

거기서 1년여 근무하면서 나는 고향을 위해 도울 일이라도 있으면 소문나지 않게 조용히 도우려고 애를 많이 썼다.

먼저 내가 손쉽게 할 수 있었던 일은 경남도 발전에 관계되는 일이거나 꼭 필요한 정보를 내가 인지하면 한발 빠르게 도 담당자들에게 조언해 주는 것이었다. 행·재정적인 지원 사항이나 그와 관련된 각종 정보를 조기에 확보하는 일은 경남도에서는 아주 중요한 일이었다. 그래야 타 도에 비해 우수한 경쟁력을 가질 수 있는 것이었다. 그러므로 도 담당자보다 내가 한발 앞서 각종 정보를 접할 수 있어 유익한 조언을 해 줄 수 있었다.

나는 내무부 내에서 역대 차관 비서관 출신으로는 열심히 일하였다는 긍정적인 평가를 받았던 것으로 기억한다.

당시 과장급으로 함께 근무했던 분들은 김기재, 강운태, 조해녕, 이시종, 이만의 씨 등이었다. 그분들은 그 후에 장관, 광역시의 시장이나 도지사로 진출해서 크게 활동했던 분들이며 지금도 정·관계에서는 거물급으로 알려져 있다.

김기재 씨는 부산시장·행정자치부장관 등을 역임했고, 강운태 씨는 농림부장관과 민선 광주광역시장, 조해녕 씨는 대구광역시장·행정자치부장관을 지냈고, 이시종 씨는 국회의원·충청북도 지사로, 이만의 씨는 환경부장관을 지냈다.

연륜이나 덕망이 전혀 없는 내가 그런 분들과 함께 한 사무실에서 근무했다는 사실이 참으로 자랑스럽고 그분들로부터 많은 도움까지 받게 되었다고 생각하니 여간 행운이 아닐 수 없었다.

건설부장관 비서관 시절

우물 안 개구리 면한 중앙부처 근무

내무부 차관 비서실에서 근무하던 나는 1986년 1월 8일자로 건설부장관 비서관으로 발령이 나 새로운 경험과 견문을 넓힐 수 있었다.

당시는 우리나라가 중점적으로 국토개발을 왕성하게 추진하였던 시절이었다. 국토 개발계획을 위시하여 도시, 주택, 토지 정책과 해외 건설 등 여러 계획을 수립하거나 추진했었다.

우리나라의 부동산 가격이 오르기 시작한 시기는 1986년 하반기부터였다. 규제 일변도의 제도 관계로 엄청난 이권을 가지고 있는 부처라는 소문이 나 있기도 했다. 그런데 가만히 지켜보니까 직원들의 업무처리는 느슨하여 비효율적임을 알 수 있었다. 그래서 나는 내무부 비서관 시절 배운 노하우를 많이 전수하여 업무처리 효율화에 성과를 가져오도록 조언하기도 했다.

1986년 상반기 당시만 해도 "집과 땅이 팔리지 않아 이사도 못 가고 병원비도 자녀 유학비 마련도 어렵다"는 서울 시민들의 항의성 전화를 비서관이었던 본인이 많이 받았다.

통영 출신으로 제2대 건설부 장관을 지낸 조성근 장관님께서 역대 장관 초청간담회 때 건설부를 방문하셨던 적이 있었다.

그때 "제가 통영 출신입니다." 하고 조 장관께 인사를 드렸다.

"장관님께서 재직하실 때 제 고향 통영에 미륵도를 연결하는 충무운하교(일명 판데다리)를 건설해 주셔서 지금도 고향 사람들이 그 일을 기억하고 있을 뿐만 아니라 장관님께 감사하게 생각하고 있습니다"라고 말씀을 드렸더니 흐뭇해 하셨다.

특히 건설부에 근무하는 동안 장관님을 수행하여 해외출장을 할 기회가 많아져 견문을 넓힐 수 있어 나에게는 더없는 행운이 아닐 수 없었다. 당시만 해도 국제선 항공기를 타고 해외로 나간다는 것이 굉장히 어려웠을 뿐만 아니라 공무원들의 해외공무 출장도 기회가 그렇게 많지 않았다.

해외 출장과 견문 넓히기

첫 해외 출장은 일본

일본 – 재일본 경남도민회 10개 지부 순방

공무원으로 근무하면서 해외 출장을 몇 차례 할 수 있었다. 해외 출장이란 새로운 풍물과 낯선 환경을 만나고 경험하면서 내 인생 또한 살찌게 하는 아주 유용한 기회였다. 해외 출장 경험담 몇 가지를 풀어 놓으려 한다.

경남도청 비서실 근무시절 이규효 도지사님을 수행하여 1982년 첫 해외 출장을 갔다. 출장지는 일본으로 '재일본 경남도민회 행사' 참석차였다.

1983년 10월 마산에서 개최하는 제63회 전국체육대회에 대비하여 창원사격장 건립비용 마련을 위한 성금모금이 출장 목적이었다.

건설부장관 비서관 시절 이규효 장관님과 일본 출장 도중 나리타 공항에서

창원종합사격장 앞에 서있는 건립기념비 '백발백중'

9월 3일~15일에 일본 내 경남도민회 10개 지부를 순방하면서 고향 소식도 전하고 성금도 모았다.

이때 교포 1세들의 협조로 지금 창원의 국제 규격의 사격장이 건립되었다. 사업비 전액을 성금 모금하여 이루어진 것이다.

사격장 입구에 〈百發百中〉이란 석비가 지금도 있는데, 성금을 낸 교포들의 성명이 새겨진 기념비이면서 사격 또한 백발백중의 성적을 기원하는 의미도 있다.

이규효 지사가 쓴 〈창원종합사격장 건립기념비〉에 그 당시의 건립취지와 경위가 밝혀져 있다.

> 이 射擊場은 第 六三回 全國體典을 契機로 水陸萬里 他國에서 望鄕의 情을 달래고 내 故場의 體育振興에 이바지하고자 愛國忠情과 鄕土愛가 넘치는 在日本 慶南道民會員 여러 人士들의 精誠어린 誠金으로 建立된 것으로서 그 뜻이 이 射擊場과 함께 永遠히 이어지길 비는 全道民의 마음을 이 碑에 새겨둔다
>
> 一九八三年 十月 十五日
>
> 慶尙南道知事 李圭孝 在日本慶尙南道島民會員 一同

이를 계기로 창원이 대한민국의 사격스포츠의 메카로 자리 잡게 되었으며 2018년 창원시에서 국제사격대회 개최가 확정되었다.

태국 지역개발사업 시찰 방문(1985. 8)

태국과 중동 방문

태국 - 지역개발사업 시찰

그 후 내무부 차관실 근무 때 태국 내무부의 초청으로 1985년 8월에 9일간 태국의 지역개발사업 시찰을 하면서 이국의 정취와 풍물을 만날 수 있었는데 그게 바로 해외 출장의 부수적인 혜택이기도 하였다.

건설부장관 비서관으로 재직할 당시 여러 번 해외 출장을 수행한 적이 있었다. 그때 수행하면서 공식적인 일정 속에 얻은 경험담 몇 가지를 기억나는 대로 풀어 놓는다.

사우디아라비아 방문 제5대 파드 국왕 면담

중동 사막의 왕국 중 가장 큰 왕국 사우디아라비아를 방문했다. 방문기간은 1986년 3월 12일~26일이었는데 사우디 외에 말레이시아, 싱가포르 등이 방문국가였다. 목적은 제7차 한·사우디아라비아 건설장관 회의 및 해외 주요 건설시장 진출전략 협의차였으며. 돌아오면서 말레이시아와 싱가포르를 방문하는 일정이었다.

사우디에서 시공을 맡고 있는 우리나라 건설업체들은 한일개발(현 한진건설), (주)한양, 현대건설, 대림산업 등으로 우리 일행은 건설현장에 찾아가 근로자들을 격려하고 임원들과 간담회를 가지기도 했다. 모래바람이 수시로 불어오는 열사(熱沙)의 중동사막에서 우리 근로자들이 애국심으로 뭉쳐 땀 흘리며 일하는 모습을 보면서 우리는 감격의 눈물을 흘렸다.

사우디아라비아 그곳의 왕궁에 들어갈 때 본 광경이 나를 놀라게 했다. 경호원들이 칼을 차고 전통 흰 두루마기 같은 옷을 입은 상태에서 비스듬히 누워 있는 모습이었다. 경호원이라면 꼿꼿한 차렷 자세로 긴장된 표정으로 방문객들을 맞이하는 게 보통일 텐데 전연 그런 기미가 없어 제일 먼저 나를 놀라게 했다. 그런 광경을 보면서 우리나라와 환경이 사뭇 다르다는 느낌을 가지게 되었다.

사우디아라비아는 1932년 압둘 아지즈 이븐사우드 국왕이 사우디를 건국한 이후 제6대 압둘라 국왕이 사우디를 통치하고 있는데 우리가 사우디를 방문한 1986년에는 제5대 파드 국왕 통치시절이었다.

1987년 한·사우디아라비아 건설장관 회의 시 이규효 건설부장관과 함께

나라를 건국한 초대 국왕 이븐사우드 국왕은 17명의 부인을 두었으며 이들에게서 43명의 아들과 37명의 딸들 모두 80명의 자녀를 뒀다고 한다.

당시 파드국왕은 6번째 부인인 후사 알수다이리 왕비가 낳은 7남 4녀 중 장남이었으며 둘째 술탄은 국방장관, 셋째 압둘 라흐만은 국방차관, 넷째 나예프는 내무차관, 다섯째 투르키는 개인사업, 여섯째 살만은 현재 국방장관, 막내인 일곱 번째 아흐메드는 현재 내무장관을 하고 있었다.

국왕자리도 초대 이븐사우드 사망 이후 알 사우드, 파이살, 칼리드, 파드, 압둘라 등 5명의 이복형제가 나란히 왕위를 계승했던 것

1987년 3월 건설부장관 비서관 시절 이라크 건설현장 방문
(가운데 키 큰 사람이 이규효 건설부장관 그 옆이 당시 이명박 현대건설 회장,
필자는 왼쪽 세 번째)

이다. 우리나라 정서로는 이해하기가 조금 어려운 것이 아닌가 생각되어 진다.

한국 근로자가 많았던 이라크 방문

사우디아라비아에 이어 이라크를 방문하였다. 중동 국가 중에서 많은 한국 근로자가 파견됐던 나라 중에 하나가 이라크이다.

당시 이명박 현대건설 회장이 장관 방문단 일행으로 참여를 하고 있었다. 우리 일행은 이라크 건설장관 면담을 하고서 4대 문명의 발상지인 유프라테스강 주변과 2천 년 전의 도시국가 바빌론 등 고

대역사의 현장을 둘러보기도 하였다.

이라크 국민성은 참 온순하고 자유분방했다.

중동은 날씨가 더워서 낮에는 쉬고 밤이 되면 열심히 움직이는 곳이라고 할 수 있다. 특히 저녁 식사시간이 3시간 정도 걸렸다. 소위 식사는 음식을 먹는 것이 아니고 즐기는 것으로 생각되었다.

이야기하고 웃고 떠들다 먹고 그러다 또 떠들고…… 그래서 먹는 칼로리를 그 자리에서 모두 소비시키는 듯했다. 더운 나라에서 운동량이 부족하기 쉽기 때문에 '그렇게 해야 건강을 유지할 수 있겠구나' 하는 생각을 해 보기도 했다.

우리 일행이 방문했던 시기가 이란 - 이라크 8년 전쟁 기간 중이었다. 그래서 밤이면 미사일 공격으로 시가지 포격 소리가 자주 들려 포탄이 우리가 묵는 숙소에 떨어지지나 않을까 긴장하지 않을 수가 없었다.

전쟁이라면 우리 국민들은 6·25와 월남전의 처절한 전투장면을 기억하고 있을 것이다. 그렇기 때문에 내가 살기 위해서는 상대인 적을 죽여야 한다는 의식이 뿌리박고 있기 마련이다.

그런데 이란 - 이라크 8년 전쟁은 그렇지 않았다. 일종의 경제 전쟁인 미사일 전쟁으로 이란에서 한 방을 쏘면 시간을 두고 있다가 이라크 쪽에서 미사일을 한 방 쏘는 식이었다. 그래서 우리 사고방식으로는 이해가 되지 않는 전쟁을 치르고 있는 듯했는데, 그런 한가한 전쟁을 목격할 수 있어 흥미로웠다.

당시 후세인 대통령을 비롯하여 장관들의 근무 복장이 국방색 군복으로 비상근무를 하고 있었다. 그들이 입고 있는 군복이 우리나라 당시 푸른색 군복과 같았다.

방문 일행으로 함께한 이명박 현대건설 회장은 자신이 만나는 사람들과 눈높이 대화를 잘하는 것을 보면서 대단한 분이라는 생각이 들었다. 장관과 대화 때는 장관 수준의 말로, 국장과 대화 때는 국장 수준의 대화를 나누었는데 나 같은 비서관을 대할 때는 내 눈높이로 응대하곤 했다.

이명박 회장과 캐나다 밴쿠버, 사우디아라비아, 이라크, 말레이시아 등 여러 나라들을 다니면서 느낀 점은 국제적으로 인적 네트워크가 잘되어 있었고 국익을 위한 외교를 열심히 하고 있다는 것이었다. 그 모습을 직접 볼 수 있었다.

아시아와 아프리카 방문

싱가포르 건설장관 회담 수행

한국과 싱가포르 양국 건설장관의 회담이 있어 싱가포르를 방문했다.

양국의 건설장관 회담을 무사히 마치고 귀국하였는데 이틀 후에 언론을 통해 싱가포르 건설장관이 비리 문제로 자살하였다는 보도가 있어 깜짝 놀랐다. 그분은 풍채도 좋고 인품도 좋아 보였는데 자살했다니 충격적이었다.

싱가포르는 도시를 비롯하여 행정, 정치가 깨끗한 나라였다. 특히 아파트 설계 모형이 동일형이 없어 이채로웠다. 수많은 고층 아파트가 동별 설계 디자인 모형이 각각 다른 것을 보고 감탄했다. 우리나라보다 주택행정이 상당히 앞서가고 있는 것을 목격할 수 있었다.

리비아 대수로 공사 1단계 준공식

리비아는 우리나라 사람들이 잘 알다시피 아프리카 북부에 있는 사막의 나라다. 또 카다피 국가원수가 수십 년간 집권하면서 국가 발전을 위해, 사하라 사막을 개발하여 물을 끌어들이는 수로건설을 강력하게 추진하고 있었던 것도 널리 알려져 있었다.

그 대수로(大水路) 공사를 맡아 사막 한복판에서 땀을 흘리고 있는 사람들이 바로 한국 사람들이었고, 우리나라의 동아건설이 역사를 바꾸는 큰 공사를 맡아 눈부신 활약을 보이고 있었다.

건설부장관실에 근무하면서 1986년 8월 25일부터 15일간 리비아 대수로 공사 현지에서 1단계 콘크리트 압력관 생산공장 준공식이 있어 참석하는 경험을 가지게 되었다. 리비아 외에 이라크도 방문하여 해외건설 협력방안을 협의하는 중차대한 임무를 띤 해외 출장이었다.

사하라 사막 한복판에서 동아건설 최원석 회장 등 우리나라 관계자들과 리비아 측에서는 카다피 국가원수를 비롯한 수뇌부 전원이 참석한 거창한 준공식이 개최되었다. 그때 리비아 경호원들이 우리 장관 일행에 큰 관심을 가지고 친절을 베풀어주어서 불편 없이 사하라 사막에서의 준공식을 잘 마칠 수 있었다.

그 시절에 리비아는 서방세계와 관계가 좋지 않았기 때문에 카다피 국가원수에 대한 경호가 한층 강화되었던 때였다. 그래서 더운 날씨에 준공식 지정 시간이 되었는데도 카다피 국가원수는 도착하지 않아 뙤약볕 아래 대형 텐트 속에서 참석자들은 기약 없이 장시간 대기하는 일이 벌어졌다.

그런데 어디서 나타났는지 카다피 원수는 백마를 타고 경호 차량의 호위를 받으면서 갑자기 도착하지 않는가? 지형이 평지 사막지역으로 멀리까지 물체가 육안으로도 보이는 곳이었기에 그런 경호 방법을 쓴 모양인데 우리로서는 신기하게 보였다.

카다피 원수는 서방 국가들의 감시를 피하기 위하여 잠자는 숙소가 일정하지 않아 5~6곳을 순회하면서 잔다고 했다. 어떨 때는 텐트 속에서 자는 경우가 있다고 한다.

나는 사하라 사막 한복판에서 끝없이 펼쳐진 모래언덕을 바라보며 사나이의 꿈을 한층 높게 크게 키워야 한다는 것을 느꼈다. 광활한 사막에 내리꽂히는 뜨거운 햇살이나 너무나 아름다운 저녁 무렵의 황혼을 지금도 잊을 수 없다.

필리핀 대통령궁 방문

1987년 5월 15일~5월 29일에 해외건설 수출 촉진을 위한 건설협력회의 참석차 미국, 캐나다, 필리핀, 일본 등을 순회하는 출장을 다녀왔다.

  필리핀에 출장 갔을 때 대통령궁을 방문하여 여성 대통령인 아키노 대통령을 만났다. 필리핀의 무덥고 습한 기후에 익숙하지 못했던 우리 일행이 좀 고생을 했으나 대통령궁의 화려함이나 시가지의 경치는 볼 만한 곳이 많아서 관광자원이 풍부한 나라라는 인상을 받았다.

  우리나라는 2013년 여성 대통령시대를 맞이했는데 필리핀은 우리보다 앞섰던 것이다. 그런데 필리핀의 대통령 비서실장은 미남형의 미국인이 맡고 있었다. 예전 마르코스 대통령 부인이었던 이멜다 여사의 구두 2,000켤레를 진열해 둔 현장을 방문한 것도 특별한 기억으로 남아 있다.

태풍 셀마와
통영죽림지구 매립

태풍 셀마와 시대의 흐름

1987년의 태풍 셀마

1987년 7월 15일 태풍 '셀마'가 남해안으로 통과하면서 경남지역에 엄청난 피해를 입혔다. 그때 태풍으로 발생한 피해액이 6천49억 원에 이르렀다. 당시 건설부가 재해대책 주관 부처로 재해복구에 총력을 기울이게 되었다.

그때 건설부장관 비서관으로 근무하고 있었는데 대통령의 특별지시로 관계 장관들이 피해현장을 둘러보게 되었고 그 일정을 내가 짜서 진행하였다. 피해지역인 부산시의 송도지역, 경북의 성주지역, 전남의 순천지역과 경남의 통영지역 등을 순시하게 되었다. 헬기를 타고 경제부총리, 건설부장관, 농수산부장관, 재무부차관,

내무부차관보 등이 동행하였다.

순시단 일행은 헬기로 경남지역 피해현장 순시를 했다. 일행은 당시 충무관광호텔 헬기장에 착륙을 한 다음 통영지역인 미륵도 수륙마을 복구현장을 둘러보았다. 당시 강태선 통영군수는 순시단 일행에게 통영지역의 피해현황을 현장에서 상세히 설명을 했다.

그때 나는 복구 예산이 우리 고향에 충분히 영달되도록 음으로 양으로 힘을 썼다. 덕분에 내 고향인 통영을 비롯하여 경남도내 피해지역의 복구 예산확보에 크게 기여할 수 있었다.

당시 통영지역에는 산양읍 수륙마을이 흔적 없이 사라졌고, 한산면 매물도 방파제가 완파되는 등 어촌마을 방파제와 선착장, 물량장 대부분이 파손되는 엄청난 피해를 입었다. 그 이후 정부의 복구비 대폭 지원으로 빠른 시일 내 대부분 원상 복구를 할 수 있었으며, 마산시가지 재포장 사업비 3억 원 추가 지원이 가능하도록 힘쓰기도 했다.

태풍, 자연대재앙 그리고 정권교체

태풍 '셀마' 이야기가 나왔으니 그와 함께 세간에 회자되는 얘기 한 토막을 소개하고자 한다.

바다에서 어선이 풍랑을 만나 그 배가 파선될 위기에 처하면 배를 타고 있던 선원들보다 먼저 도망가는 녀석들이 있다고들 한다. 풍랑이 일어나서 파선할 조짐을 보이면 바로 쥐들이 먼저 알고 바다로 뛰어들어 도망을 간다고 한다. 영화 타이타닉을 보면 침몰 위기가 오기도 전에 통로에서 쥐떼가 도망가는 장면이 나오기도 해서 더욱 신뢰가 가는 얘기이기도 하다.

그처럼 우리나라에서 정부 수립 이후 정권이 바뀌는 직전 해에는 태풍이나 대형 자연재앙이 발생하였다고 한다. 특히 경남지역을 반드시 통과하는 대형 태풍이나 대홍수가 있었다고 얘기한다.

그런 조짐이나 이변의 얘기를 뒤집어 살펴보면 1959년 9월 17일, 무시무시하기 짝이 없는 '사라호' 태풍이 전국을 강타했고, 그 이듬해인 1960년 이승만 대통령이 이끌던 자유당 정권이 무너지고 장면 총리의 민주당 정권으로 바뀌었다.

1979년 10·26사태 직전이었던 그해 8월에 경남지역에 큰 홍수가 났다. 진해에서는 산사태가 일어나 헌병초소를 덮치는 바람에 군인 5명이 사망했고, 창원출장소 시절 용원(지금의 고속버스·시외버스주차장 일대)에서는 저지대인 관계로 마을이 전부 침수되는 피해를 입기도 하는 재해가 일어났었다.

결국 그 이듬해인 1980년에는 정치적으로 큰 소용돌이가 쳐 최규하 대통령, 전두환 대통령으로 이어지는 제5공화국이 들어섰던 것이었다.

그리고 앞서 '셀마' 태풍 때의 일을 이야기하고 보니 1987년 그해 '6·29선언'으로 제6공화국 헌법 개헌과 함께 노태우 대통령이 당선되어 1988년에 취임식을 가졌던 기억이 뚜렷해진다.

뿐만 아니라 2002년 '루사' 태풍 때는 김해 한림지역 일대가 대홍수로 침수되어 물난리를 겪었는데, 알다시피 그해에 노무현 제16

대 대통령이 당선되면서 이듬해 정권이 바뀌었다.

또한 2012년에 또 3개의 큰 태풍 중 '산바'가 서해와 남해안 지역을 휩쓸고 지나갔다. 그해 12월 대통령 선거에서 새로운 18대 박근혜 대통령이 탄생해 2013년 2월 25일 취임을 해 정권이 바뀌게 되었다.

호사가들의 말처럼 태풍과 자연대재앙 발생이 정권 교체와 과연 상관관계가 있는지는 곰곰히 생각해 볼 일이다.

죽림지구 매립과 통영읍 복원 구상

통영군 죽림지구 매립과 옛 통영읍 복원

지금은 충무시와 통영군이 통합되어 모두 통영시 관내가 되었지만 예전 광도면 죽림지구 매립지는 통영군 관내의 바다였다. 나는 그 바다를 매립하고 그곳에 옛 통영읍을 복원하자는 구상을 하게 되었고, 당시 통영군수에게 건의하여 추진하기도 했다.

1985년도에 내무부차관 비서관으로 자리를 옮겨 재직하고 있을 때였다. 남해군 출신으로 내무부 총무과 서무계장으로 나와 함께 근무한 인연이 있는 강태선 씨가 1986년도에 통영군수로 발령이 나서 내 고향 통영을 위해 불철주야로 애쓰던 시절이었다.

그분과 내무부시절 함께 근무한 인연으로 내가 건설부장관 비서실로 옮기고서도 서로 자주 전화를 하면서 잘 지내고 있었다.

당시 나는 고향 통영을 위해 할 수 있는 좋은 사업이 없나 하고 탐색을 하고 있었다. 건설부장관실에 있으니 자연스럽게 고향 발전을 위한 도로 개설, 항만 건설 등 내 힘으로 추진이 가능한 개발 사업을 찾아내 조그만 일이라도 이루고 싶었다.

건설관계 업무부서 직원들이나 드나드는 대기업 임원들과 주고받는 대화를 통해 통영군의 발전을 위한 멋진 사업이 없을까 하고 고민하던 중에 아주 좋은 아이템을 얻을 수 있었다. 그게 바로 옛 통영읍 복원이었다.

옛 통영읍 건설을 강 군수에게 제안

나는 여러 가지 실행 가능한 자료를 모아 검토한 후에 강태선 군수께 전화를 하여 내 생각을 이야기하면서 "죽림만을 100만 평 정도 매립하여 옛 통영읍을 복원시키면 어떻겠나?" 하는 제안을 했다.

며칠 후 강 군수께서는 내 제안에 선뜻 찬성한다는 연락이 왔다. 그래서 나는 나의 복안을 다시 상세하게 설명을 하였다.

"현행 지방자치법에서 읍의 성립조건은 인구 기준으로 2만 명 이상으로 되어 있지 않습니까? 바다를 메워 대단위 택지를 조성하고 아파트를 짓기만 하면 기존 죽림마을 인구와 합하면 읍은 충분히 되지요. 그곳에다 통영군청을 옮기는 것입니다. 충무시내의 더부살이를 끝내는 거지요. 죽림지역에 군청을 비롯하여 군(郡) 단위 기관을 모두 이전시키면 되지 않겠습니까?"

광도면 죽림리 바다의 매립을 검토하기로 강 군수와 결정을 하면서 첫 단계로 지질조사를 하기로 했다. 내가 잘 아는 동산토건(현재 두산건설) 대표이사를 만나서 비용부담 없이 자체적으로 지질조사를 해달라고 부탁을 하였더니 흔쾌히 도와주겠다는 약속을 해주었다. 이를 통영군수에게 통보를 하면서 실질적인 매립계획이 수립되었고 추진되기 시작하였다.

지질조사 결과 경쟁력이 있는 것으로 나타났는데, 이처럼 지질조사를 동산토건에 의뢰할 생각을 하게 된 것은 당시 구 마산시가 80년대 초에 마산만 매립을 동산토건에서 하고 있었기 때문이었다. 그때쯤에는 매립공사가 거의 준공단계로 마무리되어 가는 시점이라 만약 인력과 장비를 옮겨 바로 인근에 위치한 통영 죽림지구에 투입할 수 있을 테니 모든 조건에서 유리하다고 판단을 하게 되었기 때문이었다.

죽림지구 신도시로 탄생하다

그렇게 시작된 죽림지구 매립사업은 내가 제안한 이후 상당한 시일이 경과되어 구체화되었고 점차 단계적으로 추진되기 시작했었다.

매립공사 사업은 제안서 제출과 입찰 등 여러 행정 절차를 거쳐서 대우건설에서 맡아서 시작이 되었다. 그러나 1986년도 IMF사태로 인해 중단 위기를 맞게 되었다. 설상가상으로 1995년 1월 1일에 전국적인 시·군 통합 바람이 불자 충무시와 통영군이 통합하게 되면서 도농복합도시 통영시로 탈바꿈하게 되었고 그에 따라 내가 제안했던 사업은 진척되지 못하고 말았다.

1955년 9월 1일, 당시 통영군이 시로 승격하여 충무시가 되면서 서로 분리된 지 40여 년 만에 다시 통합되었고, 통합시의 명칭도 통영의 옛 이름으로 환원하게 되었다. 그런 시대상황과 환경, 여건의 변화로 인해 강 군수와 1986년 시도하였던 통영읍 복원사업은 이루어지지 못했다.

그렇지만 그 후 죽림지구 매립사업이 다시 정상적으로 추진하게 되어 비록 통영읍 복원은 시군 통합으로 성사되지 못하였지만 아쉬움은 없게 되었다. 내가 제안하였던 매립사업인 죽림지구에 이제는 신도시가 조성이 되어 한 가지라도 이루어졌기 때문이다.

매립지에는 주거용지를 대거 확보할 수 있었다. 또 경찰서와 소방서, 교육청 등 행정기관이 새로운 터전을 잡는 계기가 되어 통영이 더 넓은 도시로 발전하게 되었다. 결론적으로 죽림지구 매립사업은 성공적이었다는 평가를 받고 있다고 나는 생각한다.

통영시청 이전 신축예정부지로 남겨 두었던 수천 평의 부지를 향토 건설업체에 아파트 부지로 매각하여 대금 약 500억 원의 세수가 발생하여 빈약한 시 재정에 기채(빚)를 내지 않고 시민 숙원사업들을 추진할 수가 있었으니 얼마나 다행스러운 일인가?

요즘에도 바다였던 매립지 죽림지구에 들어선 아파트들을 바라보면서 당시 강 군수와 나누고 의논했던 일들이 주마등처럼 떠오른다. 나의 아이디어로 이루어진 작은 결실이 아니었나 하는 생각이 들어 가슴이 뿌듯해진다.

제7장

멸사봉공의 길

남북농업협력사업 평양 방문.
평양시 강남군 장교리 농장 비닐하우스에서
(도 농수산국장 시절, 2007)

도민과 함께한 세월

다시 경남도청에서

전국체전 상위권으로

1988년 나는 서울 중앙부처 근무를 무사히 마치고 고향 경남으로 돌아오게 되었다. 그때 내 나이는 36세로 나에게는 경력도 쌓이고 복잡하고 어려운 일을 처리하는데 대한 패기와 자신감도 가지게 되었다.

창원시청을 거쳐 경남도청으로 근무지를 옮겨 공보관실 근무를 하게 되었다. 처음에는 보도계장으로 근무하였고 조금 후에는 체육지원계장을 발령받아 열심히 뛰었다. 체육지원계장으로 일할 때 전국체전이 있었는데 그때 경남도 대표 팀이 전년 성적 12위에서 6위로 상승하는 성적을 거두었다.

감사계장 때에는 WTO출범에 따른 농어촌특별지원사업 집행 특별감사 실시로 고생을 좀 했다. 그래서인지 그해 감사원으로부터 13년 만에 경남도가 광역지방자치단체 전국최우수 감사기관으로 선정되기도 했다.

그 후 경남도의회 운영 전문위원, 경남도 문화체육과장, 체육청소년과장, 미래산업과장을 거쳐 2002년도에는 김혁규 도지사 비서실장으로 일했다. 그해가 바로 도지사 선거와 제16대 대통령 선거가 있었던 해였다. 1년 내내 선거 분위기가 지속되어 고생을 많이 했던 기억이 있다.

관선 민선 10년 재임 김혁규(金爀珪) 도지사

김혁규• 지사님은 1993년 12월부터 2003년 12월까지 관선 1기와 민선 3기 등 10년간 도지사로 재임하셨다. 27대, 29대, 30대, 31대이다.

합천 출신으로 김 지사님은 어려운 가정 형편 때문에 독학으로 대학을 졸업하였다. 졸업 후에는 지방공무원을 시작하여 창녕군, 합천군, 경남도, 내무부로 점점 영전을 거듭하였다.

비서실장으로 가까이서 모셨기에 지사님으로부터 직접 들은 이야기나 배운 바가 많았다. 그중 지사님이 젊었을 때 경남도에서 근무를 하다가 내무부로 영전한 일화 한 꼭지를 소개하고자 한다.

20대 후반, 평직원으로 도청에서 근무할 당시 새 도지사가 부임하였는데 부산역에서부터 도청 도착지점까지 직원들이 무전기로 지사의 동선을 시시각각 본청에 보고하는 것을 보고 "도지사 자리가 대단한 것이로구나!" 느끼고 도지사의 꿈을 키웠다고 한다.

그 후 그는 단신으로 당시 내무부 지방국장(뒤에 경남지사를 역임한 정해식 씨) 집을 세 번이나 찾아가 내무부에 근무하고 싶다고 독대 건의를 해 발령을 받았다고 한다. 두둑한 배짱과 도전정신을 지닌 분이라 하겠다.

1971년, '아메리칸드림'을 안고 미국으로 건너가서 '혁 트레이딩'을 창업하였다. 그때 옛날 시골에서 소장수들이 현금을 지참하면 강도를 만날 수 있어 현금을 몸에 숨기기 위해 광목천으로 만든 전대에서 아이디어를 얻어 여행용 가방으로 허리에 차는 쌕을 디자인하여 특허를 받아 히트하였다. 미국에서 사업가로서 큰 성공을 거둔 것이다. 뉴욕 한인경제인회 회장, 뉴욕 한인회 이사장, 환태평양연구소 이사장 등 직책을 맡았다.

그 후 귀국하여 청와대 대통령 민정·사정 비서관을 거쳐, 1993년 관선 마지막 경남도지사를 역임하고 민선 도지사를 지냈으며 2004년 제17대 국회의원을 역임하였다.

10년간 재임하는 동안 행정에 최초로 경영마인드를 도입하여 원가(비용) 절감과 거가대교, 경남·부산 경마장 건설, 경남의 지역 특화산업인 기계산업 기술을 한 단계 업그레이드시킬 발전 프로젝트를 진척시켜 경남의 미래 기반을 튼튼히 닦아 놓았다는 평가를 받았다.

김 지사께서 들려주신 흥미로운 일화 한 가지가 있다. 1997년 제

97회 전국체전을 창원에 유치하였는데 개회식을 전국체전 사상 처음으로 야간 개최하여 호평을 받았다. 그 때 대통령 경호실의 반대를 무릅쓰고 야간 개회식을 밀어붙였다고 한다.

예산확보에 총력을 다하고

창녕부군수 시절

2003년 1월 13일, 창녕부군수로 발령이 나 도청에서 창녕군으로 자리를 옮겼다. 부군수로 현지에 부임하고 보니 군 자체 예산은 너무나 열악하고 부족하여 예산 확충이 당장 필요했다. 군 자체 수입으로는 군내 공무원들의 인건비 충당에도 어려울 정도로 빈약한 지경이었다.

국·도비 예산 확보를 위해 나는 도청은 물론, 중앙부처인 내무부, 건설부, 환경부 등에 협조를 구하려고 힘을 기울였다. 또 도로개설이나 보수를 위해 부산지방국토관리청 등 기관에도 쫓아다녔다. 그 결과 창녕군 역대 부군수 중에서 국·도비 예산을 가장 많이 확보하였다는 평가를 받게 되어 어느 정도 자부심을 가지게 되었다.

2003년 9월 태풍 '매미'의 중심부가 창녕지역을 통과하면서 인명사고 등 재산상의 큰 피해를 입게 되었다. 그때 복구를 위해 현장으로 바쁘게 뛰어다니며 큰 고생을 하기도 했다.

해발 700m고지인 화왕산에 시간당 90mm의 장대비가 쏟아지면서 관룡사 아랫마을에 4명이 숨지는 참사가 발생하였다. 추석을 맞

창녕축협 등록우 전자경매시장을 열다(도청 농수산국장 시절, 2006. 3)

아 부산에서 친정집에 왔던 딸과 사위, 외손자와 현지 거주 할머니 등이 피해자였다.

사망자 시체 4구는 거친 물살에 휩쓸려가 옥천저수지(저수용량 150만 톤)에 빠져버리고 말았다. 그래서 현장에 공무원들이 나가 시체 수색과 인양에 매달렸다. 그런데 부산에 살고 있던 유가족들이 현장에 달려와 창녕군 공무원들에게 삿대질을 하면서, "밤을 새워서라도 시체를 빨리 찾아내라!"하고 아우성을 쳤다.

그때 느낀 점이 사람들이 자기들은 도시에 산다고 창녕 사람들을 시골 사람 취급하면서 비하하는 말투를 거침없이 사용하기도 하는 걸 보고, 참 어처구니없다는 생각이 들면서 크게 실망했다. 그 시절만 해도 도시 사람들이 농촌 사람들을 무시하는 경향이 있었던 것이 사실이었다.

또 기억에 뚜렷이 남는 일은 도민체전 때 상위권 성적을 기록한 것이다. 도청에 있을 때 체육지원계장으로 근무했던 경험을 살려 군내 체육 단체들의 육성을 적극 지원하고 관심을 가지고 틈날 때마다 체육인들과 교류했던 덕분에 2003년 도민체육대회 때 군부(郡部) 성적 2위라는 큰 성과를 거두게 되었다.

한편 그때까지는 군 지역에는 소방서가 2~3개 지역을 묶어서 권역별로 운영하고 있었다. 참여정부가 들어선 2003년, 1시·군 1소방서 체제로 정책이 바뀌게 되었는데 당시 소방방재청장이 경남 합천 출신 권욱 씨였다. 경남도청에서 함께 근무했던 인연으로 찾아가서 창녕소방서 신축을 건의했더니 즉석에서 승낙을 하여 정책 변경 후 전국 1호 군지역 소방서로 창녕소방서가 탄생했다.

전국 처음 셋째 아이 출산장려수당 지원

도 보건복지여성국장 때

2004년 7월 2일, 창녕부군수에서 경상남도 보건복지여성국장으로 발령을 받아 자리를 옮기게 되었다.

바야흐로 가장 큰 사회적 이슈가 복지정책이고, 어려운 계층에게 지원 대책이 잘 세워지고, 소외계층에게 필요한 지원이 되어야 하는 시대이다. 출산과 육아, 아동과 보육, 저소득층, 노인, 장애인,

건강, 여성, 보건, 의료…….

그렇게 챙겨야 할 것이 많은 부서의 책임자가 바로 보건복지여성국장이었다. 업무파악을 위해 나는 보건정책도 공부하고 복지정책도 꼼꼼하게 살펴보아야 했고, 여성들의 인권이나 고용정책을 비롯한 각종 방안들에 대한 연구·검토를 게을리할 수 없었다.

기억되는 일들은 출산장려방안, 가난 대물림 차단 대책, 저소득층 지원 대책, 장애인 지원 대책, 도민 건강수명 연장에 대한 방안, 장묘문화 변화에 대비하여 '1시·군 1 납골당' 설치계획 등 새로운 복지정책 수립과 추진에 골몰하였다. 또 경남에 가장 적절하고 알맞은 시행계획을 수립하여 전 시군에 보내 추진할 수 있도록 하는 한편 예산 반영과 지원에도 심혈을 기울였다.

2003년 경남도내 200여 개 읍·면 중에서 1년 동안 아기 울음소리가 없었던 곳이 3개 면(의령, 고성, 하동 지역)이나 되었다. 그래서 출산장려정책이 추진되었는데 이때 시작한 시책 중의 하나가 '셋째아이 이상 출산장려수당 지원'이었다.

셋째 아이를 출산하면 출산장려수당을 지원하는 제도였는데 의외로 반응이 좋았다. 이 지원 방안은 그 후 전국적으로 확산되어 시행되고 있다. 또한 경남도의 출산율 제고에 큰 역할을 하고 있어 국장으로서 추진한 일들 중 가장 성공한 사례라고 자부하고 싶다.

● 김혁규(金爀珪) : 1939년 경남 합천에서 출생. 부산대 행정학과 졸업. 제27대 (1993. 12. 28~1995. 3. 29 관선 임명직), 29대, 30대, 31대(1995. 7. 1~2003. 12. 14 민선 선거직) 경상남도지사로 재직.

서울 시청 앞 하이 서울 행사장에서
당시 서울시장이었던 이명박 전 대통령님과(2003. 5)

2006년 도청 농수산국장 시절 농촌희망재단 지원 물리치료장비 및 차량 전달식
왼쪽에서 다섯번째가 김숙희 전 교육부장관, (한 사람 건너) 박홍수 농림부장관,
오른쪽에서 두 번째가 필자

평양을 오간
남북교류협력사업

남북 농업교류사업과 1차 평양 방문

농수산국장과 통일사업 승계

2006년 2월 18일, 농수산국장으로 자리를 옮겼다. 농수산국은 바로 경남의 가장 중추적인 부서로서 우리나라 전통적인 1차산업의 핵심인 농업, 축산업, 수산업 정책을 총괄하는 곳이니 국장의 책무는 실로 막중한 것이었다.

내가 부임하고 보니 당면한 가장 중요한 사업이 남북 농업협력 교류사업 실시였다. 전임자로부터 이 사업의 대략적인 개요와 상황 설명과 함께 승계를 받았는데 너무나 중차대하고 통일사업의 추진이라는 비중이 큰 프로젝트였다.

남북 농업협력 교류사업은 2004년 지방정부인 경상남도 차원에서 추진한 사업이었다. 경남의 선진농업기술과 농업설비 이전을 통하여 단기적으로는 구호 효과와 장기적으로는 북한 농업분야의 경제적 효과를 담보로 다양한 물적·인적 교류를 확대하여 민족의 염원인 통일시대를 열어보자는 목표로 시작된 것이었다.

2004년에 남북교류협력 사업 추진계획을 수립하고 2005년에 '경상남도 남북교류협력 조례'가 제정되었다. 그에 따라 북측(한)의 사업 파트너 대상지로 평양시 강남군 장교리 협동농장이 선정되었던 것이었다.

사업의 실무는 민간단체인 경남통일농업협의회(대표 전강석)가 맡아서 진행을 하였다. 순조롭게 일이 진행되어서 2006년 1월에 당시 이주영 정무부지사(현재 5선 국회의원)를 단장으로 하는 일행이 평양을 방문하여 북쪽의 민족화해협의회 책임자와 교류합의서에 서명함으로써 본격적인 대북 농업협력사업이 시작되었던 것이었다.

대북협력사업단 일원으로 평양 방문

우리 국민들의 소원이 통일인 것처럼 남북이 하나 되는 그날이 오면 백두산 구경을 할 수 있을 것으로 모두들 기대하며 살아왔다. 나 역시 통일이 되기 전에 그것도 적대적인 대치 관계를 지속하고 있는 때에 평양 땅을 밟아보리라고는 생각도 못하고 살아왔다. 그런데 그것이 현실로 나에게 다가왔던 것이었다.

농수산국장이 된 이듬해인 2007년 2월 평양 방문 기회가 왔다.

일정은 3박 4일, 농수산국장이 단장이 되어 7명의 일행과 함께 가게 된 것이었다. 방문지는 평양시 강남군 장교리 협동농장이었다.

인천공항을 이용하여 오전에 출국해야 했으므로 전날인 2월 6일 인천공항 가까운 조그만 모텔에서 1박을 했다. 마음이 설레고 걱정이 되어 밤잠을 설쳤다. 아침 일찍 일어나서 출국준비를 서둘렀다.

방북 항로는 인천에서 중국 심양으로 가서 거기서 북한 국적의 고려항공을 타고 평양으로 가는 코스였다. 평양으로 가는 1회 출장 일정은 반드시 고려항공 정기항로를 이용해야 하기 때문에 3박 4일이 소요되는 것이었다.

인천공항에서 출국 수속을 마친 우리 일행은 국내 항공기를 타고 심양으로 갔다. 공항에서 조금 대기하다가 고려항공 여객기에 탑승하여 곧바로 평양으로 들어갔다.

우리가 도착한 순안공항은 2000년 6월 15일 김대중 대통령이 남북정상회담을 위하여 방북했을 때의 바로 그 공항이기도 했다. 그 당시 TV 화면을 통해 그 장면을 본 기억이 있었기에 그렇게 낯설지 않았다.

양각도 호텔에서 가진 협력방안 회의

순안공항에 도착하여 숙소인 양각도 호텔로 갔다. 북측의 안내를 받아 이동을 하니 조금도 불편한 것이 없었다. 호텔은 대동강변에 위치하여 경치가 참 좋은 곳이었다.

'양의 뿔처럼 생긴 지형'이라고 하여 양각도라 부른다면서 안내인이 친절하게 주변의 경치와 유래를 설명해 주었다. 창밖 경치를 내다보니 마치 우리 한강에 있는 여의도와 같은 곳이었다. 호텔은 45층이나 되는 꽤 높은 건물이었는데 외래 투숙객은 그리 많아 보이지는 않았다.

우리 일행을 공항에서부터 안내해 준 북측 인사는 민족화해협의회 참사 직위에 있는 분으로서 아주 친절하고 호의적이었다. 양각도 호텔에 도착해서 여장을 풀자마자 곧이어 회의를 해야 했다.

회의장은 호텔 라운지에 마련되어 있었다. 회의장에 들어가니까 북측의 파트너인 민족화해협의회 대외협력부장이 기다리고 있었다. 양측이 서로 인사를 정답게 나누고 이내 회의가 시작되었다.

솔직히 말하자면 나는 막상 회의장에 앉았으나 긴장을 늦출 수 없었다. 혹시 말실수라도 할까봐 불안한 마음이 있었기 때문이다. 어릴 적 60년대 초등학교 시절 교과서적 반공교육을 받은 세대라 여전히 내 머릿속에는 그 교육의 흔적이 남아 있었기 때문이기도 하였다.

그런데 상대가 분위기를 부드럽게 풀어주며 여유를 보였기에 우리 일행도 가벼운 마음으로 회의를 진행할 수 있었다. 회의는 당초 목적한 그대로 진지한 토론을 통하여 순조롭게 결론을 도출할 수 있었다.

평양 교외 장교리 협동농장 방문

우리가 방북한 시기는 2월 초순이라 북쪽 날씨는 여전히 추웠다.

완전 겨울 복장을 준비하여 갔는데 역시 북쪽은 남쪽보다 상당한 온도차가 있었다.

이튿날은 오전 일찍 강남군 장교리 협동농장으로 갔다. 평양 시내에서 대동강을 건너 1시간 정도 소요되는 거리였다. 그곳은 우리의 서울특별시 강남구와 같은 곳이라고나 할까? 평양 근교로 농장이 아주 큰 규모였다.

장교리 농장 관리위원회 사무실에서 관계자들과 인사를 나누고 2007년도 지원사업에 대하여 의견을 교환했다. 그리고 나서는 농사를 짓고 있는 비닐하우스 현장을 둘러보았다. 장교리는 농촌이라 주민들이 친절하고 순수하였다. 우리 일행에게 대접하기 위해 준비한 것이 고구마였다. 조리법이 약간 다른 듯했다. 그래서인지 남한의 군고구마 맛보다는 조금 못했다.

돌아오는 길에 북측 안내원의 안내로 대동강변에 정박해 있는 푸에블로호를 관람할 수 있었다. 그 배는 1968년에 영해침범으로 북쪽으로 끌려갔다는 미국의 해군 정보함이었다. 북측 안내원이 정박해 있는 푸에블로호에 대해 설명을 해 주었다.

옥류관 평양냉면도 먹고 묘향산도 구경하고

3일째 되는 날에는 평양과 묘향산을 가는 여유 있는 시간을 가졌다. 우리말로 하면 관광인데 그들은 주요시설 견학이라 했다.

평양 시내를 한 바퀴 돌아 유명하다고 소문만 들었던 평양 옥류관을 찾아가 냉면을 먹었다. 옥류관 냉면이야말로 특별한 맛이 있

남북농업교류사업차 평양방문 때
(묘향산국립공원 국제친선관 앞에서 관계자들과, 오른쪽 두 번째가 필자)

다고 널리 알려졌으니 더 소개할 말이 없다.

옥류관은 영화 속에서나 볼 수 있는 크고 넓은 규모라 호화로운 왕국의 건물 같은 느낌을 받았다.

오후에는 북한의 국립공원인 묘향산으로 향했다. 지하시설로 지어진 '국제친선관'을 관람하였다. 전시관에는 김일성, 김정일 시대 초청 외국 원수들이나 외국순방 시 받은 각종 기념품이나 선물들을 전시해 놓고 있었다.

전시물은 약 20만 점이라고 안내인이 설명해 주었다. 정말 어마어마한 규모의 물건들이 있었는데 전시물 중 우리 일행의 눈에 띄어 관심을 가지고 본 것도 있었다. 바로 1980년대 초에 정주영 현대그룹 회장이 방북 시 가져갔다는 그 당시 최고급 현대자동차인 다이너스티 승용차였다.

1차 방북과 통일딸기

4일째 되는 날 우리 일행은 무사히 일정을 다 마치고 돌아오게 되었다. 올 때와 반대 코스였다. 순안공항에서 고려항공을 타고 심양으로 가서 인천공항으로 돌아왔다. 인천공항에서 김해공항으로 돌아오니 문득 천리 타향에 오랫동안 여행하다가 귀환한 듯 내 고향 땅이 반가웠다.

그때 방북의 성과를 한마디로 말할 수 없지만 간단하게 정리하면 이렇다. 벼 육묘공장 건립, 채소비닐온실 건립, 벼 이앙기 250대 지원, 통일딸기 모종 재배 등의 논의와 실질적인 방안 추진이다. 통일사업에 기여하는 성과라고 말할 수 있다. 협력사업의 계속을 위해 이후에도 개성과 평양을 방문하게 되었다.

실무진의 방북 – 개성회담

판문점을 통해 개성으로

평양을 다녀온 후 곧이어 남북농업협력사업 합의서 체결과 도민대표단의 방북을 위한 실무 협의를 위하여 개성 방문이 추진되었다. 이때 공창석 행정부지사를 단장으로 하는 실무진 21명이 2007

경남도 농수산국장 재직시 농업협력교류사업 통일딸기 모종을 전달받는 모습
(2006년 10월 25일)

평양육묘 통일딸기 모종 전달(2006년)

| 제7장 멸사봉공의 길

년 3월 16일 개성을 찾게 되었다.

아침 일찍 버스 편으로 창원을 출발하여 판문점의 휴전선 군사분계선을 넘어갔다. 그때 분계선에서 북한 군인들의 검문을 받게 되었는데 마음이 착잡함을 감출 수 없었다.

판문점 검문소를 무사히 통과하여 오전 10시에 개성에 도착하였다. 회담 장소는 개성의 자남산 여관이란 곳이었는데 남한의 작은 규모의 호텔 같았다.

회담이 시작되어 우리 측에서는 먼저 공창석 행정부지사, 북측에서는 민족화해협의회 부의장이 서로 인사말을 나누는 모두 발언이 있었다. 그리고는 실무협의에 들어갔다.

기본합의서의 서명과 내용

실무협의에서는 농업협력사업 추진과 함께 김태호 도지사를 단장으로 하는 경남도민들로 구성된 경남도대표단의 방북에 따른 관련사항과 편의 제공에 대한 협의를 가졌다. 또 같은 해 창원에서 개최되는 람사르 총회에 북대표단의 참석도 제의하는 등 여러 의제에 대한 논의를 거쳐 합의하였다.

합의 내용을 정리한 기본합의서에 양측 대표가 서명을 하였고, 또 남북 공동벼 농사, 남새온실 협력, 농기계 및 농업용 부속시설 지원, 통일딸기 생산 등 부속합의서는 남측의 농수산국장과 북측의 민화협 참사 간에 정리 합의하고 서명하였다.

회담을 마친 후 우리 일행은 옛 고려의 유적지를 돌아보고 싶어

도의회 농수산위원회에서 농정 현안을 브리핑하는 모습(도 농수산국장 시절, 2006. 11)

안내를 부탁했다. 나는 고려 말의 충신 정몽주가 새 왕조를 일으키려는 야망을 가진 이방원에 의해 죽은 선죽교를 보고 싶다고 했다. 일행도 그거 좋다고 찬성했다. 그러나 북측 관계자는 지금 선죽교는 개수공사가 진행되고 있어 갈 수 없다고 대답해 우리를 실망시켰다. 허전한 마음으로 다시 군사분계선을 넘어 돌아오니 하루해가 기울었다.

제2차 도민대표단 평양 방문

대규모 도민대표단 102명 평양 방문

2007년 4월 9일, 10일 양일간 1박 2일 일정의 평양 방문은 나에게는 2차 방문이기도 하였다.

그때 도민대표단의 단장은 김태호 경남도지사였으며 일행은 102명으로 구성되었다. 경남도내 주요 기관장, 민간인 대표, 언론인 등으로 방북 규모는 참으로 크고 획기적인 것이었다. 그렇게 많은 인원이 방북을 하게 되었으니 1차 방문 때처럼 인천-심양-평양 순안공항으로 둘러가는 코스를 선택하지 않고 김해공항에서 전세기를 이용해 직항하기로 하였다.

우리가 탑승한 비행기는 아시아나항공 전세기로 김해공항에서 평양 순안공항으로 바로 직항하여 참으로 빠르고 마음 편한 여행이 되었다. 우리 대표단 일행이 머물렀던 곳은 전과 마찬가지로 대동강변의 양각도 호텔이었다.

주요 일정은 3월 개성회담 때 협의된 그대로 각종 지원 사업들을 둘러보고 협력하는 것으로 장교리 소학교 착공식과 딸기모종 정식, 볍씨 파종과 그 외 협력 사업으로 추진 중이었던 비닐온실과 농기계 보관 창고 견학 등으로 일정대로 진행되었다. 그러면서 농업부문 논의사항으로 남북간 농업기술 교류와 북측의 토종 종자 확보와 보존방안에 대하여 상호 협조하기로 합의하기도 하였다.

여러 공식적인 일정을 마치고 나서는 경치가 좋다고 예전부터 이름난 모란봉과 을밀대, 그리고 고구려 동명왕릉과 김일성 생가 등을 둘러보았다.

열정과 겸손으로 봉사하며

혼신을 다하는 공직자로

부산·진해 신항만 건설과 전남과 수역 갈등

농수산국장 시절 평양 2회, 개성 1회, 금강산 1회 등을 방문한 것이 가장 기억에 남는 일이기도 하지만 역시 나는 다른 일에도 소홀하지 않으려 노력했다.

그러나 그 시절 농수산국 업무에 해결하기에 어려운 난제들이 중첩되어 좌충우돌하는 일이 잦았다.

부산·진해 신항만 건설이 추진되면서 경남도와 부산시가 관할구역 경계 획정문제에 조금의 양보도 불허해 큰 갈등으로 대두되었다. 여러 가지 대응책과 해결방안을 모색하며 상대와 싸우면서 날을 샜다.

도청 농수산국장 시절 임상규 농림부장관 사천농업현장 방문 시 농업 관계자들과 함께
(왼쪽에서 세 번째가 필자)

또 전남도와는 수역 갈등으로 싸워야 했다. 여수 앞바다이면서 경남도의 남해군 수역이기도 한 곳에 키조개양식장으로 육성수면을 해양수산부가 경남도와 한마디 협의도 없이 전남 여수시에 허가를 해 줌에 따라 큰 문제가 발생하였던 것이다.

여수와 남해 어민들 간의 갈등이 곧바로 도 농수산국의 당면문제로 부상하게 되자 나는 수시로 해수부에 가서 고함을 지르면서 부당함을 역설하였고 전남도 관련 국장과 언성을 높여 싸우기도 여러 번 했다.

2007년 여름철에는 남해바다에 적조가 발생하여 105억 원의 어민 피해가 발생하였다. 그때 신속하게 사태를 수습하고 지원책을 마련하여 피해를 줄일 수 있었다.

당시 농림부장관이 남해 출신 박홍수 장관이었고 해양수산부장관은 통영 출신 김성진 장관으로 나에게는 행운이었고 복이었다는 생각이 든다. 출장 때마다 두 분 장관실을 방문하여 경남도의 현안 사업을 브리핑할 수 있는 기회를 가졌으며, 많은 관심과 예산지원도 받을 수 있어 지금도 감사하게 생각하고 있다.

마산항 활성화 정부에 건의

당시 마산항은 화물처리 물동량이 크게 줄어든 데다 진해신항 건설로 인해 상대적으로 위축될 우려가 있어 도 농수산국에서는 마산항을 활성화할 정부 차원의 대책이 필요하다고 판단되었다.

그래서 해양수산부에 올리는 건의서를 작성하여 도청 프레스센터에서 기자회견을 갖고, "마산항이 경남중부권의 피더 무역항으로서 충분히 역할을 다할 수 있는 시스템을 마련해야 하는 것이 급선무"라고 주장하며 "마산항에 항만공사를 설립해야 한다는 건의서를 해양수산부에 제출했다고 밝히면서 향후 최선의 노력을 다하겠다"고 하였다.

사실 마산항은 국가산업단지와 마산자유무역지역을 주변에 두고 있으므로 물동량을 확보할 시장은 갖고 있으나 화물을 쌓아둘 부지가 부족하고 컨테이너 전용부두의 규모도 작아 물동량을 유치하는데 필요한 시설이 절실한 실정이었다. 또 국가가 항만업무를 관장해 지방단위 관련기관과 협력할 여지가 부족하고 항만이 있는 시·군도 항만 관련 조직조차 없어 항만공사 설립이 필요했던 것이다.

수산정책 추진 – 치어방류사업

통영 한산도 출신인 나는 어릴 때부터 바다와 같이 살아왔고 어민들의 생활을 눈여겨봐 왔으므로 수산정책 담당자로서 어떻게 하면 어민들의 소득을 증대시킬까 하고 방안마련에 힘을 기울였다.

70년대 초부터 시작하였던 어초(魚礁)설치사업이 큰 성과를 내지 못하면서도 계속 추진되고 있었다. 그런데 비용분석을 통해 정책 변화가 필요하다고 판단하여 치어방류사업을 대대적으로 실시하는 정책으로 전환하여 어자원 조성에 크게 주력했다. 매년 50억 원을 투입하였는데 국비 보조를 위해 청와대에 보고하여 2년간 특별 교부세 15억 원을 확보하기도 하였다.

이때 특별교부세 예산은 당시 청와대 총무비서관이었던 정상문 씨의 도움으로 이루어졌다. 정 비서관은 지난날 경남도청에서 함께 근무했던 분으로 능력 있고 친절한 공직자로서 모범적인 분이셨다.

치어방류사업의 추진은 시간이 흐르면서 남해 연안지역에 어자원이 많이 나타나 그 효과가 여실히 증명되었다. 또 낚시 인구가 방류사업 이전과 비교할 때 3배 이상 증가되어 연안 어민들의 소득 향상을 가져왔다는 평가를 지금도 받고 있다.

마산시 임항선 철도변 정비추진과 환경정비

2008년 1월 2일자로 마산시 부시장으로 발령을 받았다. 그해 도민체전이 있었는데 4년 만에 종합우승을 했다. 전에 체육 관련 부서에 근무한 경험을 살려 뒷받침한 결과였다.

또 부두에서 마산 시내를 가로지르는 임항선 철도가 있는데 그 주변지역의 환경이 낙후되고 퇴락하여 정비가 시급한 것으로 도시환경정비에 문제점으로 드러났다. 나는 임항선철도 현장을 점검하여 정비계획을 입안하고 국토해양부 철도국장을 만나 문제점을 설명하여 국비가 투입되는 계획을 수립하기도 하였다.

또 지금의 회원동 500번지에 6·25피난민촌이 있었는데 주택이 밀집해 있음에도 주변 환경이 너무나 열악하고 슬럼화되어 있었다. 그래서 공동화장실 8개소를 수세식으로 현대화하는 사업을 시행하여 환경개선을 도모한 것이 기억에 남는다.

어려웠던 사안은 또 수정만 매립지 활용방안에 따른 갑론을박이 주민들 사이에 첨예한 문제로 대두되어 그 해결방안 찾기였다. 당시 그 매립지에 STX선박기자재 공장 유치 찬반으로 여론이 서로 극명하게 나누어져 있었다.

2008년 4월, 마산시청 회의실에서 업체와 주민들 200여 명이 모인 가운데 공개토론회를 가졌다. 그때 나는 주민들에게 힘껏 호소를 했다.

"나는 통영 사람이다. 마산에서 입지를 세울 사람이 분명 아니다. 그러나 마산을 위해 최선을 다하겠다. 주민들도 후손들의 기반을 닦는데 힘을 모아 달라."

 혼신을 다하는 공직자로서의 자세에 주민들을 감동시킨 듯 박수를 그날 받기도 하였으나 사안 해결은 원만하지 못하였다.

열정을 다한 통합 창원시 부시장

직업은 운명이고 직장은 선택인가?

 2008년 마산부시장 직에서 퇴임하게 되었다. 아쉬움이 남는 퇴직이었지만 나에게는 후회는 없었다. 직업은 운명이고 직장은 선택이라고 생각하였기 때문이었다.

 일시적으로 지인의 건설회사에서 CEO로 근무하면서 내 인생의 새로운 미래를 위해 준비하고 있었다.

 2010년 통합 창원시의 시대가 열렸다. 구 창원시, 마산시, 진해시 3개 시가 통합되어 인구 100만의 도시가 되었던 것이다. 기초자치단체에 인구 100만 이상의 통합시에는 제2부시장을 둘 수 있다는 법령 개정이 있었다. 부시장 자리가 하나 더 신설되면서 공개모집에서 임용되는 영광을 안게 되었다.

 마지막 공직생활!

 나는 마지막으로 열과 성을 다해 봉사할 수 있는 기회를 가지게 되었다. 공직을 떠난 지 2년 10개월 만에 다시 공직생활을 한다는 것은 정말 생각할 수도, 상상할 수도 없는 일이었는데 열심히 살아가니까 눈앞에 나타나는 것이라고 배웠다.

통합 창원시 현안사업 해결에 동분서주

2011년 4월 1일, 통합 창원시 제2부시장으로 취임하였는데 그 이후 개발업무를 맡아 365일 쉬는 날이 없을 정도로 바쁜 일정을 보냈다.

나는 통합 창원시의 출발과 함께 새로운 도시정책, 건설 교통, 해양 항만, 지역균형 발전과 도시개발에 관한 정책을 수립하고 추진하는데 전력을 다해 노력했다.

임용되자마자 해결해야 할 현안으로 떠오른 것은 장기간 계속된 롯데백화점 창원점 비정규직 해고사태였다. 비정규직 35명에 대한 계약해지를 통고한 이후 노조의 반발 속에 2/3는 복직하고 14명이 남아 고용승계 및 노조탄압 중단을 요구하며 노동계와 연대하여 투쟁하고 있었다.

롯데사태는 4월 총선을 앞두고 있어 정치 쟁점화될 분위기였다. 박완수 시장은 나를 특사로 롯데쇼핑 백화점사업본부 신헌 대표를 만나 담판을 짓고 오라고 하였다. 사실 지방자치단체의 간부가 대기업 본사를 방문해 대표와 면담하는 일은 전에 없던 일이었다.

그때 동행한 도 간부는 나를 비롯해 이동찬 경제국장과 서울출장소 소장 등이었고, 롯데 측에서는 신헌 대표이사를 비롯해 장수현 담당이사 등 4명이었다. 긴장된 분위기 속에 면담이 이루어졌다.

나는 먼저 서울 출장 배경을 자세히 임원들에게 설명했다. "롯데백화점 창원점 비정규직 집회 등으로 인해 주변지역과 상권 종사자등 시민들의 일상생활 불편과 생업활동에 지장을 초래하고 있음

누비자 시스템 창원시-KT간 업무협약 체결
(창원부시장 시절, 2011년)

진해 해군기지사령부 방문 현안사업 간담회
(창원부시장 시절, 2011년 9월)

은 물론, 롯데백화점에 대한 지역정서가 좋지 않은 상황입니다."

그러면서 지역안정과 시민화합 차원에서 근로자 해고 문제를 본사 차원에서 적극적으로 해결해 줄 것을 촉구했다. 사기업에 대해 개입하는 것이 신중할 수밖에 없었는데 지역사회의 큰 문제가 되기 전에 중재에 나서서 접점을 찾고 좋은 결과를 이끌어 내기 위한 대처였다. 이후 이 사태는 시일이 좀 걸렸으나 원만하게 종결되었다.

롯데사태 외에 로봇랜드 조성, 수정지구 제2자유무역지역 지정, 마산교도소 이전, 행정복합타운 조성, KTX노선 소음 민원, 내서고속도로 통행료 무료화, STX조선 산업단지 확장, 39사단 함안 이전, 부산·진해 신항만 건설, 부산·진해경제자유지역 개발 등 현안사업들이 산적해 있었다.

국회를 비롯하여 기획재정부, 국토해양부, 행정안전부, 환경부, 지식경제부, 법무부, 국방부, 소방방재청, 부산국토관리청, 부산항만공사, 한국도로공사, 철도시설공단, 토지 주택 관련이 있는 LH공사 등 창원시와 연관성이 있는 행정기관은 빠짐없이 수차례 방문하였다. 그리하여 당면한 현안사업을 설명하며 해결방안을 제시하고 설득하였으며 사업에 따른 예산 확보에 심혈을 기울였다.

특히 마산지역의 KTX 복선화 철길공사로 인하여 주변지역 주민들의 소음 등 민원이 쇄도하였는데 마침 당시 조현용 철도시설공단 이사장(함안 출신)의 관심과 도움으로 여러 난제를 큰 어려움 없이 해결할 수 있었다.

제8장

나의 생각
나의 대화

지역 개발 현장을 찾아서

창원시 제2부시장 시절
도로준공식장에서 축사하는 모습
(2011. 4)

국기에 대한 존엄성

언제부터인가 우리 주변에서 펄럭이고 있는 대한민국을 상징하는 국기인 태극기가 천대를 받고 있다.

어릴 적 집안에서는 국경일에 할아버지 할머니께서 장롱 속에 깨끗하게 접어 넣어 두었던 태극기를 꺼내 장대 끝에 달고서는 대문 밖에 높이 올려 거는 모습을 보았다. 우리 집과 마찬가지로 이웃들도 다 태극기를 대문에 내다 걸었다. 지금은 그런 광경을 잘 볼 수가 없다. 또한 태극기에 대한 존엄성은 물론이고 국경일에 아파트 베란다에서도 게양된 태극기를 보는 것이 무척 어렵다.

대한민국 국기법 제4조에는 '대한민국의 국기는 태극기로 한다.' 라고 규정되어 있다. 지난 6월에 대한민국을 지키기 위해 목숨을 바친 호국영령들을 기리는 보훈의 달을 맞아 국내 어느 결혼정보회사에서 태극기 보유 가구를 조사했더니 10가구 중 4가구는 태극기가 없다고 나왔다고 한다.

특히 최근 정치권에서 마저 '애국가'와 '국민의례'에 대해서 논란이 되고 있고 민의의 전당인 국회에서조차 태극기를 거부하는 선량들이 등장했다고 하지 않는가?

여기서 대한민국 국기에 대한 존엄성에 대하여 환기(喚起)하고자 한다.

국기법 제5조는 '(1)모든 국민은 국기를 존중하고 애호하여야 한다. (2)국가 및 지방자치단체는 국기의 제작·게양 및 관리 등에 있어서 국기의 존엄성이 유지될 수 있도록 필요한 조치를 강구하여야 한다.'라고 되어 있다. 그런데 현실은 어떤가?

전국 방방곡곡에 게양되어 있는 태극기가 대부분 색깔이 퇴색된 것들이며 국기봉도 기준에 맞지 않는 것이 대부분이다. 법률에서 '국기의 깃면은 그 바탕을 흰색으로 하고……'로 되어 있는데도 게양된 태극기들이 회색 일색이다. 또 '국기의 깃봉은 아랫부분에 꽃받침 다섯 편이 있는 둥근 무궁화 봉오리 모양으로 하며, 그 색은 황금색으로 한다.'고 되어 있다. 그러나 대부분 깃대와 같은 흰색(스텐) 봉오리이며 어떤 곳 게양대는 깃봉이 피뢰침으로 되어 있는 곳이 눈에 띄기도 한다.

또 어떤 곳의 태극기는 게양된 지 하도 오래되어 때가 꺼멓게 묻고 바람에 갈기갈기 찢기어 나부끼고 심할 경우 반 토막으로 되어 펄럭이는 것도 있다. 그런 광경은 해변의 선박 등에서도 자주 볼 수 있다. 심지어 어느 마을에서는 마을회관에 거꾸로 게양된 태극기를 보기도 하였다.

특히 이런 광경들을 태극기를 관리하고 지도해야 하는 위치에 있는 정부 기관과 고속도로변 톨게이트 주변에 있는 한국도로공사 관리사무소 건물에서도 많이 볼 수 있다.

또 도시지역의 관광호텔에 게양된 만국기들은 엉망인데 이 중에서도 흰색 바탕으로 되어 있는 태극기와 일본기가 매우 지저분하게 느껴지고 있다. 색깔이 퇴색된 관광호텔의 만국기는 부산과 제주도 등지에서 많이 볼 수가 있었는데 수도 서울지역에서도 규정 위반이 많은 편이며 이는 전국적인 현상이다.

이렇게 된 이유는 국기를 하강하지 않고 한번 게양하면 밤이나 낮이나 비가 오나 눈이 오나 1년 365일 내내 게양토록 한 규정 때문에 나타나는 현상이지만 무엇보다도 국기에 대한 관심이 없기 때문일 것이다.

일반 국민들이야 그렇다 하더라도 태극기를 관리하고 지도를 책임지고 있는 소관 관련부처와 업무를 담당하고 있는 공무원에게 이런 문제들이 보이지 않는 것은 국가관이 희박하기 때문이다. 이는 법 제5조에서 언급한 바와 같이 관리 책임이 있는 국가와 지방자치단체의 직무유기에 해당한다고 할 수 있을 것이다.

사실 지난해 6월 국무총리실에 문제점 개선 건의를 한 바 있으며 또 10월에는 소관부처인 행정안전부에 건의하여 조치하겠다는 담당국장으로부터 전화 답변을 받았으나 해가 바뀌어도 변화 조짐이 없었다.

그래서 다시 청와대에 건의서를 보냈는데 행정안전부로 처리 이첩이 되었다고 회신이 왔지만 그 내용으로 볼 때 의례적인 회신으로 판단되기에 지켜볼 것이다. 지금 전국적으로 새로 만들어지는 태극기 게양대의 깃봉은 흰 스텐으로 만들어져 하루가 다르게 주변에 계속 잘못되게 설치가 늘어나고 있는데도 정부에서는 이러한 사실을 왜 모르고 있을까?

얼마 후면 런던 올림픽이 개최되고 우리나라는 이번 올림픽에서 성적 10-10 즉, 금메달 10개에 성적순위 10위권을 목표로 선수단이 파견된다. 올림픽에서 금메달을 획득하면 경기장에서 우리나라의 국기인 태극기가 높이 올라가고 애국가가 연주될 것이며 온 국민이 가슴 뭉클하면서 함께 태극기를 바라보면서 즐거워할 것이다. 그런데 이처럼 태극기 대한 존엄성이 떨어져서야 어찌 떳떳하게 태극기를 바라볼 수 있겠는가? 국가와 지방자치단체의 필요한 조치를 조속히 기대한다.

— 경남신문(2012년 6월)

나의 공직관
— 인간미 넘치는 공무원

공직자의 제1덕목은 무엇일까? 나에게 질문하면 의심 없이 '겸손과 열정'이라고 자신 있게 답변한다. 나는 지난날 공무원 생활을 그런 신념으로 해왔고 열심히 지키려고 성심을 다했다.

돌아본 38년간의 공직생활 가운데 상당히 긴 기간인 10여 년간 비서실 근무를 한 셈이다. 그 부서는 어느 부서보다도 '겸손과 열정'이 요구되는 곳이었다.

겸손과 열정으로

새내기 공무원의 첫발을 고향 한산면사무소에서 시작한 이후 통영군청, 경남도청, 내무부, 건설부 등을 두루 거치면서 지방행정과 중앙행정 기관을 모두 근무해 본 경험을 나는 가지고 있는데 어디에서나 요구되는 덕목은 바로 '겸손과 열정'이었다.

창녕군과 옛 마산시, 통합창원시에서 부단체장으로 근무하면서 더욱 깨닫게 된 것은 공무원들의 열정이야말로 그 지역 발전에 엄청난 영향을 미치고 있다는 사실이었다. 따라서 지방자치, 민선시대의 지도자는 행정을 잘 알면서 동시에 열정을 가진 분들이어야 함을 누구보다도 잘 알게 되었다.

공직은 봉사하는 자리라고 이구동성 주장하고 있다. 옳은 얘기이다.

법으로 규정되고 제한된 제도의 틀 속에서 움직여야 하는 게 공무원이다. 그러면서 봉사해야 한다는 요구는 각종 법 테두리 안에서 움직여야 할 공무원에게 상당한 무리인 듯 보이기도 한다. 하지만 주민들이 편안하게 서비스를 받고 편리하게 생활할 수 있도록 지원해야 하는 것 또한 공직자들의 사명인 것이다.

그런데 아직까지 일반 시민들이 생각하고 요구하는 수준까지 미치지 못하는 공무원들이 많다. 공무원 조직이란 틀에 얽매여 불친절하고 부정적으로 비치고 있는 것도 사실이다. 공과 사가 분명해야 함은 두말할 여지가 없다.

인간미 넘치는 공무원

지난날 나는 내무부와 건설부, 경남도청에 근무하면서 배운 점이 많다. 그중 하나가 인간미 넘치는 태도란 것이었다. 인간미 넘치는 공무원이란 바로 겸손에서 나오고 열정 속에서 나오는 것이었다. 어느 현안사업 하나를 해결하려면 먼저 겸손하게 문제점에 접근해야 하고 해결을 위해 열정을 쏟아부어야 하는데 그러기 위해서는 항상 인간미 넘치는 태도야말로 만능열쇠 같은 것이었다.

예를 들어 한 지방자치단체가 안고 있는 현안사업을 착실하게 해결해 나가려면 내가 평소에 맺은 인맥을 동원하여 설명하고 의논하여 건의한다면 무난히 목표달성을 할 수 있을 것이다. 인맥은 하루아침에 이루어지지 않는다. 겸손과 열정을 다하는 태도를 견지해야만 상대가 나를 인정해주고 신뢰해 주는 바탕이 형성될 적에 오는 결과인 것이다.

지역현안 해결에 앞장서는 공무원

나는 짧은 기간이지만 마산시 부시장으로 근무하였기에 마산의 어려움을 잘 알고 있다고 자부한다. 또 진해시는 도청 감사실에 근무할 당시 깊이 있게 시정을 들여다볼 수 있는 기회가 많아 지역현안이 무엇인가를 잘 알 수 있었다.

공무원은 모름지기 자신이 근무하는 그 지역의 현안이 무엇인가를 항상 살피고 그 해결점이 무엇인가 모색하여야 한다.

창원은 내가 25년간 살아왔던 도시이고 1988년부터 1990년까지 약 3년간 창원시청에서 과장으로, 그 이후 통합창원시의 부시장으로 근무했던 곳이라 지역 실정을 잘 파악하고 있음도 한바탕이 될 것이다.

 현재 창원시의 균형발전 3대 프로젝트인 '스마트 창원(한국의 실리콘밸리), 마산 르네상스(한국의 시드니), 진해 블루오션(선벨트 해양관광허브)'의 방향이 잘 잡혀 있다고 생각된다. 앞으로 어떻게 하면 이를 잘 포장해서 목표달성을 할 수 있을 것인가가 관건이다. 그 때문에 착실한 추진이 절실하다고 하겠다.

마산부시장 시절 현안업무를 파악하고 있는 모습

창원부시장 시절 홍콩 경제무역대표부 대표와 통상협약 체결 모습

간도협약 100년,
안중근 의거 100년

100년의 의미

올해가 청(淸)나라와 일본이 간도협약(간도에 관한 청·일간 협약)을 체결(1909. 9. 4)한 지 100년이 되는 해이면서 또한 1909년 10월 26일 하얼빈의 안중근 의사 의거도 100년이 되는 해이다.

청나라와 일본이 저들끼리 멋대로 맺은 협약 대상이었던 옛 간도 땅은 지금의 중국 길림성, 바로 우리 후손들이 살고 있는 조선족 자치주 지역이고 역사적으로 우리나라 땅이라고 한다.

이번에 일행 여섯 명이 옛 간도 땅의 역사를 체험하기 위해 우리 선조들이 개척한 그 땅을 다녀왔다.

국제공항이 있는 연변 시는 조선족 자치주의 주도(洲都)인데 이곳에서 백두산까지는 승합차로 4시간 거리이며 훈춘시 두만강 하구까지는 3시간 거리였다. 우리 일행은 한달음에 백두산 천지에 올랐다.

고구려 때 선조들이 말 타고 활 쏘던 광활한 지평선과 깊은 숲속의 아름드리 소나무에서 우리 민족의 기상을 보았다. 그리고 연변지방의 옥수수와 콩, 벼가 재배되는 넓은 농경지를 바라보면서 이 땅이 우리 국토라면 식량 걱정은 하지 않아도 되겠다는 생각을 하기도 하였다.

고구려 유적지 간도 방문

동부지방의 두만강 하류 동해가 보이는 곳은 중국과 러시아 북한 3국의 국경이 만나는 지역이다. 중국의 국경지역(방천) 땅에 높은 전망대가 설치되어 민간인에게 개방되어 있었다. 군인이 보초를 서서 국경을 경비하고 있는 모습도 보였다. 또한 멀리 동해 바다가 바라보이는 강 하류에는 러시아 연해주와 북한 땅 사이에 삼각주가 형성되어 있었다. 그 곳은 아직까지 농경지로는 개발되지 않았고 갈대밭으로 황량한 모습이었다.

우리 일행의 안내를 맡은 조선족이 우리나라 동해를 일본해라고 말하는 것을 보고 깜짝 놀랐다. 그래서 일본해가 아니고 동해라고 가르쳐 주니까 안내인은 중국 조선족 사회에서는 모두가 일본해로 알고 그렇게 부른다는 대답이었다.

그동안 얼마나 많이 동해와 일본해 지도상의 표시를 가지고 양국

간, 또는 국제적으로 논란이 있었음에도 우리 후손들인 조선족 사회에서는 그걸 알지 못하고 있는 것이었다. 그들이 일본해로 잘못 알고 있다는 것은 누구의 책임인지를 떠나서 그냥 넘길 일이 아니었다.

알려지지 않았던 안중근 의사 유적지 방문

일행이 연변으로 돌아오는 길에 예상하지 못한 일이 있었다. 전망대를 출발한 지 20여 분 지났을 때쯤 두만강을 따라 포장된 2차선 좁은 도로변에 〈안중근 의사 유적지〉라는 한글로 쓴 입간판 하나가 눈에 들어왔다. 빨리 달린 차의 속도 때문에 그곳을 순간적으로 지나치고 말았다.

"저거 뭐야? 안중근 의사 유적지라고 쓰여 있던데?"

"뭐요? 차를 돌려 확인해 봅시다."

일행은 확인해 보기로 하고 차를 돌려 안내판이 세워져 있는 마을로 갔다. 유적지라는 팻말을 찾아내 어떤 유적이 그곳에 있을까 하고 마을 안쪽으로 들어갔다.

너무나 초라한 초가집이었다. 흙벽으로 만들어진 초가지붕에 곧 쓰러질 듯 초라한 형상의 대문도 없는 집이 한 채 있었다. 사람이 살지 않는지 집안에 아무도 없는지 인적이 끊기고 적막만이 마당에 가득했다.

일행은 주위를 둘러보며 자그마한 몸채만 있는 마당 안으로 들어

갔다. 집 안으로 들어가는 듯 보이는 방문 옆 벽에 안내판이 있었다. 뭐가 적혔나 들여다보니 서투른 글씨였지만 한글이었다. 안내판에 방문객은 전화를 해 달라고 적혀 있었다. 안내문에 따라 전화를 했더니 조선족 여성이 받았다.

"안중근 의사님 유적지란 간판을 보고 왔는데 관람 좀 할 수 있을까요?"

"반갑습니다. 지붕 처마 밑에 열쇠가 걸려 있으니 열고 들어가서 살펴보세요. 구경하시고 돌아가실 때는 열쇠를 처음 있었던 그대로 처마 밑에 걸어 놓으면 됩니다."

사람은 나타나지 않고 그런 당부만 하는 것이었다.

우리는 시키는 대로 열쇠를 떼어 자물쇠를 열고 집 안으로 들어갔다. 전깃불이 없어 집안은 어두컴컴했다. 초가집 3칸 정도의 크기였는데 내부는 벽이 없는 한 칸으로 뚫어서 부엌과 마루, 안방이 트여 있었다. 방에는 책상과 당시 사용했다는 침대 하나가 놓여 있었으며 마루의 바닥은 대나무로 엮은 발이 지금의 카펫처럼 깔려 있었다. 벽에는 안중근 의사의 친필 글씨(복사본) 액자와 당시의 사진들이 여러 장 액자에 넣어져서 걸려 있었다.

바로 이 집에서 안중근 의사가 흑룡강성 하얼빈으로 가서 이토 히로부미〔伊藤博文〕를 저격하기 전까지 얼마 동안 머물렀다고 한다. 동지들과 함께 애국심을 키우던 집이었다고 그 당시의 상황을 마당 입구 비석 안내판에 한글과 중국어로 새겨져 있었다.

안중근 의사 유적지 보존해야

그동안 초가집은 동네 조선족 주민들이 힘을 합쳐 자원봉사로 관리를 해 왔다고 한다. 그런데 세월이 흐르면서 노인들은 세상을 떠나고 일부 주민들은 마을을 떠나 집을 관리하는 사람이 없다고 했다. 다행스럽게도 이웃에 있는 여성이 지금은 이 집을 관리하고 있는데 재정 형편이 어려워 힘들게 겨우 집만 지키고 있다는 것이었다.

초가지붕이니 매년 지붕에 이엉을 새로 얹어야 하는데 짚을 살 경비를 마련하지 못하여 겨울이 다가오는데 걱정이라는 말을 들었다. 그 말을 듣고서는 발길이 떨어지지 않아 일행 여섯 명이 즉석에서 한해 지붕 이엉을 얹는 소요 비용 7백·위안(우리 돈 14만 원)을 모아서 헌금함에 넣고서 그곳을 떠나왔다.

귀국한 후 서울에 소재하고 있는 (사)안중근의사숭모회 사무국에 전화로 이러한 내용을 알렸다. 숭모회 측도 그곳의 유적지를 알고는 있는 듯했다. 그러나 그곳은 아직 학자들의 역사적 고증이 되지 않아 정부 차원의 재정지원이 어렵다는 대답을 듣게 되었다.

간도협약 체결 100년과 안중근 의사 의거 100년을 맞아 하얼빈에 있던 안중근 의사 동상도 옮기고, 1910년 3월 26일, 여순 감옥에서 사형당한 후 근처 공동묘지에 묻혔다는 유해를 찾으려고 애쓰고 있다.

이런 마당에 의거 전 살았다고 알려지고 있는 중국 길림성 훈춘시 권하촌 시골 마을에 있는 안중근 의사 유적지를 그냥 버려두어서는 안 될 것이다. 비록 쓰러져 가는 너무나 초라한 초가집이지만 관심 깊게 고증작업을 통해 확인을 해야 할 것이다. 그래서 사실이라면 복원시키는 문제도 한번쯤 뜻을 모아 추진해 보았으면 하는 마음이다.

그렇게 하는 것이 의거 100년과 여순 감옥에서 눈을 감은 지 내년이면 100주년을 앞두고 있는 우리 후손들이 할 수 있는, 31살의 젊은 나이에 세상을 떠난 안중근 의사에 대한 예의가 아니겠는가?

— 경남신문(2010년 9월)

30년의 의미

　최근 30년이란 의미에 대해서 깊은 관심을 가지게 되었다.

　공자께서 '흔들림 없이 든든히 서는 나이' 라는 뜻으로 30세를 이립(而立)이라 불렀다는 그 말의 참된 의미를 되새기게 된다. 남자 나이 서른 살이면 이제 부모에게도 그 누구에게도 기대지 않고 혼자 자립할 수 있다는 뜻이기도 하다.

　또 이쪽저쪽 좌고우면(左顧右眄)하지 않고 제 스스로 판단하고 누구의 도움 없이도 내가 선택할 수 있다는 뜻이기도 할 것이다. 그 선택이 올바르고 가장 신뢰를 얻을 만한 것이라면 사나이 나이 서른은 헛되이 먹은 것이 아니리라.

　이솝 우화에 따르면 인간의 수명은 당초 30년이라고 한다. 그러나 최근 통계를 보면 인간 수명이 점차 늘어나 이제는 평균 수명이 90세를 넘본다고 한다.

여하간 이솝 우화에 등장하는 30세란 무슨 의미를 가지는가?

첫째, 사람이 태어나 처음 30년은 책임으로부터 해방된 기간이라 한다. 그래서 서른 살이 되기까지 부모에게 기대고 사회는 여러 방면에서 너그럽고 법은 조금은 배려해 주기도 하는 것이다.

둘째, 한 사람이 가족을 위해 기여할 만큼 성숙하는 데는 30년의 세월이 필요하다는 것이다. 30년이란 시간과 성숙의 관계는 거의 모든 문명권에서 유사하게 나타나고 있다.

그 예를 들자면 여러 가지인데, 세례 요한은 30세 때 설교를 시작하였고, 예수도 30세에 세례를 받고 광야로 나갔다. 선지자 에제카엘이 예언을 시작한 나이도 30세였다.

알베르 카뮈도 〈시지프 신화〉에서 30세는 "시간의 의미를 깨닫는 나이"라고 말했다. 카프카의 〈심판〉에서 주인공 요제프 K는 30세 생일 아침에 알 수 없는 죄목으로 체포되었다. 30세는 태어나 현실을 직면하는 나이라는 의미로 생각된다.

석가모니도 30세에 도를 찾아 안락한 궁궐을 버리고 떠났으니 공자의 가르침처럼 '30 이립(三十 而立)'이 너무도 의미심장한 것으로 다가온다.

나는 그런 생각이 든다. 우리 공직자의 경력도 30년쯤 지나야 제대로 갖춘 하나의 인격체가 되지 않을까 한다. 30년의 경력과 경험이 축적되고 무장이 되어 홀로 설 수가 있을 것이라 생각한다.

건달과 공무원이 만나면

공무원으로 일한다는 것은 과연 무엇과도 같은가?

공무원은 흔히 공복(公僕)이라 한다. 공(公)이란 곧 너도나도 아닌 우리라는 의미여서 공무원은 공적(公的)인 존재이니 세상 만인에게 봉사하고 복종하고 '나'는 뒷전에 밀어 놓고 오직 '공'을 위해 살아야 하는 것이다.

그런 의식이 사회에 팽배하다보니 공무원이라면 무조건 국민에게 멸사봉공(滅私奉公)해야 할 지대(至大)한 임무를 지닌 것으로 대부분 민원인들이 알고서 그것을 내세우며 우격다짐으로 어떠한 민원을 해결해 내라고 요구하기도 한다. 사실 공무원이란, 지금 존재하고 있는 법 테두리 안에서 움직여야만 하는 신분으로 제한적인 권한과 의무를 동시에 지니고 있다고 할 수 있다.

그런데 역지사지(易地思之)는 꿈에도 꿀 수 없을 정도로 무리한 요구와 무한한 봉사를 강요하는 기가 막히는 경우가 더러 있다. 사실 공무원은 성장할 때 어려움을 경험하면서 그러한 난제를 해결해 내는 힘을 가질 수 있다고 생각한다.

소위 갑(甲)과 을(乙)의 관계로 볼 때, 을의 위치에서 서러움을 당해봐야 비로소 상대방의 어려움을 알 수 있다는 '건달 근성'을 의미한다.

건달이란 가진 것이라곤 아무것도 없이 건들거리며 난봉이나 부리고 시장판을 돌아다니며 술잔이나 얻어 마시는 실속 없는 부류들을 지칭하는 말이다. 어쩌면 그들은 자신의 마음속에 품은 뜻이 현실과 맞지 않아 때를 기다리는 사람들이라고 달리 말할 수 있을 것이다.

옛이야기 속에 나타나는 건달로 주목할 만한 사람은 조선 말기의 대원군과 중국 한나라 때 한신 장군일 것이다. 그들은 시궁창과 주먹패들의 바짓가랑이 사이를 기어 지나며 자존심을 내팽개치는 수모를 당하면서도 때를 기다려 자신의 포부를 이룰 기회를 얻고자 하는 열망을 잊지 않았다. 그런 수모를 겪었기에 뒤에 큰 권력을 움켜쥘 수 있었던 것이다.

한신 장군은 불우했던 시절에 시비를 걸어오는 시장 무뢰배의 가랑이 밑을 태연히 기어갔다는 유명한 이야기의 진정한 의미는 그러한 수모를 당하면서도 때를 기다렸다는 교훈을 우리에게 준다.

흥선대원군 이하응은 왕실 종친이기는 했지만 안동 김씨의 드센 세력에 살아남기 위하여 거짓으로 미친 척 비렁뱅이 짓을 하면서 목숨을 이어갔다는 야사가 사실로 전해져 온다. '상갓집 개'라는 치욕적인 소리를 들어가면서도 때를 기다렸고 가난과 멸시 속에서 안으로 칼을 갈면서 때를 기다렸던 것이다. 그런 생활을 하면서 누구보다 백성들의 살림살이를 속속들이 잘 알 수 있었다.

공무원들에게 대원군이나 한신 장군의 건달 생활을 참고하라는 말은 참을 수 없을 어려움을 금방금방 표출하지 말고 참고 견디며 겸손하자는 권유이다. 동시에 어려움에 처해 있는 민원인들의 형편을 이해하고 적극적으로 돕고자 하는 겸손 또한 우리 공무원이 겸비할 덕목 중 가장 큰 것이 아닌가 한다.

고위공직자의 덕목

고위공직자는 현직에 있을 때 열정을 바쳐 일하고 열정이 식으면 열정을 가진 사람에게 그 자리를 물려주고 떠나야 합니다.

행정가가 갖추어야 할 3가지 능력으로 문제해결 능력, 위기관리 능력, 그리고 실천력을 들 수 있습니다. 명예와 부(富)는 공유할 수 없습니다. 부를 선택했으면 명예를 포기해야 하고, 명예를 선택했으면 부를 포기해야 합니다. 여러분이 공직을 선택했을 때, 부가 아닌 명예를 선택한 것입니다.

사람이 만족을 얻는 방법은 두 가지가 있다고 합니다.

하나는 채워서 만족하는 것, 다른 하나는 비워서 만족하는 방법입니다. 공직자는 비워서 만족하려고 해야 합니다. 채워서 만족하려고 하면 문제가 생깁니다.

공직은 절제하는 자리입니다. 먹고 싶고, 보고 싶고, 듣고 싶고,

하고 싶고, 가고 싶은 것이 있어도 자제하고 절제해야 합니다. 그래야 청렴해 질 수 있습니다.

공직은 국민에게 봉사하는 것입니다. 일은 일류로 하고 대우는 이류로 받는 것, 그것 자체가 국민에게 봉사하는 것이라고 생각할 수가 있습니다.

공직은 국가에 헌신하는 것입니다. 헌신은 말 그대로 자기를 바치는 것입니다. 그래서 공무원은 단순한 봉급쟁이나 기능인과 달리 사명감과 소명의식을 가져야 합니다.

가난은 부끄러운 것이나 선택한 가난은 아름다운 것입니다. 가난은 어떤 사람에게는 궁색하고 초라해 보일 수도 있으나 공직자에게 가난은 돋보이는 것입니다. 사람은 어떻게 사느냐에 따라 아름다울 수도 있고 추할 수도 있습니다. 공직자는 더욱 아름답게 사는 것이 중요합니다. 공직자에게 가장 소중한 가치는 명예와 봉사이기 때문입니다.

지난날의 행정이 '다스리는 행정'이었다면 지금의 행정은 '섬기는 행정'입니다. 따라서 공직자의 최대 덕목은 청렴과 명예와 봉사입니다. 공무원이 편하면 국민이 불편해지고 공무원이 불편하면 국민이 편해진다는 사실을 항상 가슴에 새기고 깨끗하고 투명한 부서를 만드는데 모든 역량을 결집해 나가야 하겠습니다.

현재의 것에 만족하지 않고 항상 문제의식을 갖고 새로운 것을 추구하는 혁신문화를 정착시켜 국민이 체감하는 성과물들을 지속적으로 창출해 내기 위해 열정을 쏟아야 할 것입니다.

공직자는 많은 일을 하는 것도 의미가 있지만 얼마나 불편부당(不偏不黨)하게 깨끗하게 처리하느냐가 더 중요합니다.

세상이 빠르게 바뀌고 있습니다. 그러나 바뀌지 않을 절대적인 명제가 있다면 그것은 바로 공무원은 국가의 공복(公僕)이라는 사실입니다.

가치를 추구하는 공직자는 국민에 대한 봉사를 통해서 국가 발전에 이바지해야 합니다. 민간기업의 제품이나 서비스는 선택이 가능하지만 공공재는 국민들이 그냥 받아들여야 하기 때문에 행정을 하는 사람은 생각이 깊어야 합니다.

조선시대 지방관아에는 하급 관원이었던 아전(衙前)이란 직책이 있었습니다. 아전은 힘 있는 상사에게는 약하고 힘없는 백성들에게는 강한 속성을 가졌습니다. 공무원은 아전의 속성이 아닌 백성과 아픔을 함께하며 옳은 길만을 고집하는 선비정신을 가져야 합니다.

공직자가 깨끗해지면 많은 문제가 자동으로 해결됩니다. 사심이 없기 때문에 일을 공정하게 처리합니다. 연고를 이용하거나 음성적 접대, 청탁이나 로비가 통하지 않게 되므로 혁신적인 사람과 기업들로부터 우대받게 됩니다.

버린 것을 자꾸 취하려고 하면 그만 불행이 옵니다.

명예와 부는 공유될 수 없습니다. 명예를 선택하면 부는 버려야 합니다.

제9장

동양의 나폴리
통영

통영 강구안과 남망산
서피랑에서 바라본 통영 시가지 모습

통영에서 돈자랑 하지 말라

1960년대 통영(당시 충무시라고 불렀다)에서 전국적으로 널리 유행했던 말이 있었다.

"통영에서 돈자랑 하지 마라."

통영은 자연적인 여건이 너무나 아름답고 좋아 이태리 나폴리와 비슷한 조건을 가지고 있는 바다를 낀 도시라 하여 화가 이중섭이 감탄하며 '동양의 나폴리'라 한 이후 사람들도 자랑스럽게 그렇게 부른다. 정말 통영 앞바다는 나폴리의 바다처럼 너무나 파랗고 그림 같아 누구든 한번 왔다 하면 그 풍광에 찬탄하면서 매료되지 않을 수 없었던 것이다.

60년대부터 통영은 수산업의 전성기를 이루고 있었다. 일본 남부 지역인 규슈 등지로 매일 활어를 실은 활어운반선이라 불리던 무역선들이 쉴 틈 없이 오가던 호황기였다. 그래서 많은 활어선이 들락거렸고 배가 정박해 있던 부둣가는 일 년 사시사철 구분 없이 활기에 넘쳐 있었다.

잘 알려진 것처럼 흔히 수산업이란 투기사업이라고 한다. 물고기들이 계절에 따라 남해 바다를 오가고 또 다닐 때는 떼를 지어 몰려다니기 때문에 고기잡이는 며칠 허탕을 치다가도 어느 날 갑자기 만선 한 방만 잡으면 1년 농사를 지은 셈이 되어 투기사업이란 말이 널리 회자되었다.

그 시절 욕지도 자부포항(자부랑개)은 어업 전진기지로 유명했다. 고기 잡는 어선들이 낮에는 고기를 잡고 저녁이면 기항(寄港)하였다.

조그만 포구는 휴식도 하고 어로 작업에 필요한 장비와 각종 재료들을 구매하기 위하여 들어오는 곳이기도 했다. 저녁때가 되면 항구는 어선에서 비추는 전깃불로 불야성을 이루었고 식당과 술집은 손님들로 꽉 차 한때는 통영시내와 비슷하다고 소문이 나기도 했었다.

통영 외곽의 항구가 그런 활기로 가득 찬 시절이었으니 통영 시내는 얼마나 좋았던 시절이었을지 짐작이 가고도 남을 것이다.

수산업이 호경기를 오랫동안 유지한 이유도 있겠지만 또 다른 이유도 숨어 있었다. 바로 은밀하게 성행했던 밀수였다. 일본으로 내왕하는 수출 활어운반선이 가면서는 활어를 싣고, 돌아올 때는 그곳의 전자제품 등 국내에서 없어서 못 파는 물품을 밀수해 들여오는 일이 공공연히 벌어졌다.

밀수 방법도 교묘하여 여러 가지가 있었다고 한다. 평소 잘 쓰지 않는 선창 벽이나 배관 같은 곳을 뜯고서 그 속에 물건을 숨기는 것이 흔히 사용하는 방법이라고 했다. 특히 선원들이 개인적으로도 밀수를 하기도 했다 한다.

각자 제 나름대로 시계나 돈 될 만한 물건들을 사서 물이 새지 않도록 비닐에 꽁꽁 싸서 가지고 오다가 배가 통영항 앞바다에 진입하여 밀수감시선이 나타날 만한 곳에 다다르면 줄에 매달아 바다에 빠뜨리는 것이었다. 상륙한 후에 감시의 눈을 피해서 물건을 빠뜨리고 표시해 둔 곳에 가서 건져 오기만 하면 대박이었다고 소문나 있었다.

다른 곳에서는 통용이 안 되지만 당시 통영에서는 밀수는 범죄나 큰 일이 아니었고 일상사처럼 벌어지고 있었다. 어쨌든 단속에 걸리면 망하지만 열 번 시도해서 한 번 성공하면 팔자 고친다는 말이 참말처럼 시중에 퍼져 있었다. 그러니 일본을 오가는 선원들이라면 팔자를 고칠 그것을 해 보겠다는 유혹을 뿌리칠 수 없었다.

어쨌든 60년대 통영지방에는 돈이 많았던 것은 사실이다. 내가 어릴 적 기억으로 60년대 중반쯤에 맥주 1병 값이 시골의 논 1평 값과 맞먹었다. 그런데 통영에서는 친구나 아는 사람을 만났다 하면 보통 맥주를 즐겨 마셨던 시절이었던 것이다.

물론 통영 사람들이 돈벌이가 잘됐기 때문에 맥주를 즐겨 마시며 좋아했겠지만 성격 또한 풍류와 멋을 즐기려는 특징 탓도 한몫을 했다고 생각한다. 내일 어려움이 닥칠지라도 오늘은 즐겁게 노래하며 살자는 그런 풍류와 여유로움을 가진 지역이 바로 통영이 아닌가 한다.

이런 문화적 지리적 영향인지 모르지만 통영에서 전국적으로 이름을 떨친 예술인이 많이 배출되었다.

별처럼 빛나는 통영의 섬들

나는 자라면서 한산섬 인근의 작은 섬들을 사랑했다. 섬 아이들은 바다를 겁내지 않았다. 우리는 봄부터 바다에 뛰어들어 엄마의 품에서 놀듯 하루하루를 즐겁게 보냈다.

철이 들고 아버지가 운영하셨던 잠수기선(潛水器船 : 섬사람들은 이런 배를 보통 머구리배라 불렀다)에 올라 바닷속으로 들어가는 잠수부에게 공기를 보내는 펌프질을 돕기 위해 배를 타고 나가기도 하면서 한산섬 인근의 섬은 곧 나의 친구가 되었다.

5톤이 채 안 되는 배라 먼 바다까지 나가기는 힘들었지만 가까운 비산도, 좌도, 송도, 유자도, 장재도, 추봉도는 물론 거제시 쪽인 거제만, 율포만도 갔고 더 남쪽으로 내려가 용초도, 비진도, 죽도, 장사도, 매물도까지 가 보았다.

고등학교 졸업을 앞둔 그해 겨울에는 아르바이트를 하느라 멸치를 잡는 멸치잡이배(사람들은 이 어선을 오개도리라 말하기도 한다)를 탔다. 보통 멸치잡이 어선단은 어탐선 1척, 본선 2척, 가공운반선 2척 등 5척으로 구성되었는데 나는 가공운반선 잡역부로 방학 동안 일했다.

그때 통영 근해 저 멀리까지 욕지도나 사량도까지 나갔으니 한산면 지역인 장사도 아래 소덕도, 대덕도, 가왕도, 어유도, 매물도, 소매물도도 구경할 수 있었다. 그래서 내가 한산섬에 태어난 것이 행운이고, 성웅 이순신 장군이 나의 멘토이었음도 역시 나의 큰 복임을 깨달았다.

더욱 내가 통영의 섬들을 속속들이 알게 된 계기는 나의 공직생활 초임지가 바로 한산면사무소와 통영군청이었고, 수시로 다녔던 출장지가 바로 관내 섬들이었으니 나에게는 내 고향의 속살을 속속들이 알게 된 절호의 기회였고 축복이기도 하였다.

그중 홍도가 어느 캘린더에 잘못 소개되어 있어 다음과 같이 바로잡기도 했다.

갈매기의 낙원 절해고도 홍도

그야말로 절해고도(絶海孤島), 인적이 뚝 끊긴 섬에는 괭이갈매기들만이 산다.

갈매기의 낙원, 갈매기 섬으로 국내에 널리 알려진 경남의 최남단 홍도를 뱃사람들은 흔히 알섬이라 부른다. 괭이갈매기가 알을

낳고 번식하는 섬인데 우리나라에서는 충남 가의도, 울릉도, 옹진군 신도, 영광군 송이리 등과 함께 홍도가 번식지로 지정, 보호받고 있다.

  몇 해 전 모 은행의 달력을 보았는데 여름철 짙푸른 바다와 초록의 섬을 배경으로 하얗게 날고 있는 갈매기들의 비상을 담은 홍도 사진설명에 통영 한산면이 아닌 다른 인근 거제시의 섬으로 소개되어 있었다. 홍도는 한산면 매죽리인데 말이다. 나는 속에서 말 못할 분통이 끓어올랐다. '우리 고향땅을 남의 땅이라고? 무식이 도가 넘치다니!' 나는 당장 편지를 썼다.

  — ○○부행장님! 잘 계십니까?

  저는 지난해 상반기 마산부시장을 역임한 통영 한산도 출신 김종부입니다.

  00은행에 대해 관심을 가지고 있으니까 눈에 보이게 되는 일인데 저희 집과 제가 근무하는 사무실에 귀 은행 발행 캘린더가 걸려 있습니다.

  6월 사진이 '홍도 갈매기'인데 설명이 '거제 홍도 갈매기'로 잘못되었기에 바로잡아 주셨으면 합니다. 정확하게는 통영시 한산면 매죽리 홍도입니다.

  혹시 내년도에도 같은 설명으로 배포되지 않을까 봐 미리 말씀을 드리오니 널리 이해해 주시고 바로잡아 주시기 바랍니다.

  항상 건강하시고 큰 발전 있으시길 기원합니다.

달력과 함께 보냈더니 그쪽에서 사진작가의 작품을 샀는데 착오를 한 듯하다면서 잘못을 인정하고 수정하겠다고 알려왔다. 홍도는 육지에서 너무 멀리 떨어져 있어 사람들이 통영 한산면 땅임을 모를 수도 있겠지만 전문가들은 달라져야 할 것이다.

홍도 하면 괭이갈매기와 함께 절벽 위에 서 있는 등대를 빼놓을 수 없다. 이 등대는 1906년 세워져 100여 년이 넘게 망망대해 뱃길을 안내하는 불을 밝혔으며, 1996년부터 무인등대로 운영되고 있다. 옛 등대 길은 가파르기로 유명한데 고소공포증이 있는 사람은 좀체 오를 수 없고 위에 올라 아래를 내려다보면 간담이 서늘하다.

통영에 진정 봄이 왔는가?

3월은 봄이 시작하는 달이다. 24절기 중 세 번째인 만물이 겨울 잠에서 깨어난다는 경칩(驚蟄), 남쪽 땅 통영에는 매화꽃이 활짝 피어난다.

경남에서도 통영은 기온이 겨울에는 따뜻하고 여름철은 시원하여 살기 좋은 곳으로 이름났다.

필자가 태어나 25년을 살다가 직장(공무원)이 다른 지역으로 옮겨지면서 떠난 지 40년 만에 다시 돌아왔는데, 예나 지금이나 고향 땅 통영은 아름답고 시민들의 정감 있는 따뜻한 마음씨는 변하지 않았다. 1960년대는 통영에 와서 '돈자랑 하지 마라' '동양의 나폴리'라는 별칭처럼 경제적으로도 여유가 있었고, 아름다운 풍경은 지중해의 이태리 나폴리와 비교해도 손색이 없었다.

그러나 요즘 통영 경제가 어렵다는 걱정의 목소리가 나오고 있다. 전통시장 거리에서 만나는 시민들은 이구동성으로 어렵고 힘들다는 말을 하고 있다. 민심은 불만이 쌓여 있는 느낌을 받는다.

지난 1995년 충무시와 통영군이 통합할 당시 약 15만 명의 인구가 지금은 13만8,001명(1월 말 기준)으로 1만 명 이상이 감소되었다. 3~4년 전만 해도 14만 명을 초과하였으나 조선 산업이 어려워지고 붕괴되면서 인구가 점점 감소하고 있다. 그동안 통영 경제를 이끌어 왔던 수산, 관광, 조선 산업 등 삼각편대의 한 축인 조선 산업이 무너진 셈이다. 지금은 수산업과 관광산업이 '쌍끌이'를 하고 있어 14만 명이 먹고살기에는 역부족이라는 생각이 든다.

엎친 데 덮친 격으로 지난해에는 수산업에도 빨간불이 켜졌다. 고수온으로 멍게, 굴, 축양 모두가 직격탄을 맞았다. 여름철 남해안의 콜레라 발생 소식으로 횟집 식당들이 또 한 번 어려움에 처하기도 했다. 연간 1,000억 원의 매출을 자랑하는 멸치잡이도 전년도에 비해 80% 정도의 어획고로 어렵게 운영을 하고 있다는 말이 나오고 있으니 걱정이 크다.

이처럼 힘겨웠던 병신년이 가고 정유년을 희망 속에 맞았지만 연초에 노로바이러스 발생으로 또 한차례 홍역을 치렀다.

지금 통영에서 영양제 주사를 맞지 않아도 건강한 산업은 관광산업뿐이다. 미륵산 케이블카 탑승객이 1천100만 명을 돌파하였고, 얼마 전 개장한 루지시설이 각광을 받고 장래가 희망적이라는 평가가 나오고 있다. 또한 통영김밥과 통영꿀빵이 명물로 자리 잡았다는 긍정적 평가는 고무적이다. 여기에 만족해서는 현상유지 정도에 그칠 것이다.

우리 통영은 앞으로 조선 산업에 버금가는 대체산업 발굴로 산업 재편이 필요하며, 수산업은 고수온과 매년 되풀이되는 적조 대비도 지금부터 해야 한다.

얼마 전 만난 지인이 들려준 "통영 공무원들이 인근 다른 지역 공무원들보다 유능하고 겸손하며 친절합니다."라는 이야기는 희망의 메시지였다.

그러나 전통시장에서 만난 시민들은 "지금 통영 경제가 참 어렵다"고 말하고 있어 마음이 편치 않다.

"기다리지 않아도 오고, 기다림마저 잃었을 때에도 너는 온다"고 시인 이성부는 봄을 노래했다.

계절(자연)의 봄은 찾아왔지만 아직도 마음속의 봄은 멀리 있는 것 같다. 섭리와 순리에 따라 봄은 왔지만 우리들 주변에서 일어나고 있는 일들이 봄이 와도 봄 같지 않다는 당나라 시인 동방규의 시(詩) '춘래불사춘(春來不似春)'의 의미를 되새겨 본다. 내 고향 통영에 계절의 봄과 함께 경제가 회복되고 어려움이 해소되는 진정한 마음의 봄을 기다려 본다.

문화 · 예술인의 산실 통영

'통영'이라는 지명은 알려진 바와 같이 1592년 임진왜란이 일어난 1년 후 한산도에 작전지휘본부인 삼도수군통제영이 최초로 설치되었고 그 후에 두룡포(지금의 통영시)로 통제영이 옮겨지면서 유래된 이름이다. 지금도 충무공 이순신 장군의 승전이 전래되어 오는 역사가 살아 숨 쉬고 있는 고장이 바로 통영이다.

이곳에 살고 있는 시민들은 충무공 이순신 장군의 후예라는 자부심으로 성품이 호탕하고 풍류를 즐기며 바다를 면한 아름다운 풍경에 영향을 받아 문학, 음악, 미술, 나전칠기 등 문화 · 예술계에 동시대의 뛰어난 인물들이 많이 탄생된 전통이 고스란히 살아 있는 고장이기도 하다.

풍수지리학자들에 의하면 높은 산맥 중심의 산간 지역에서 태어난 사람은 정치나 후진을 양성하는데 일생을 바쳤고 바다가 보이는 해안 지역에서 태어난 사람들은 개성이 강하고 문화·예술 분야에 뛰어난 감각을 가지고 태어난다고 한다.

그들의 연구 결과가 사실이라면 분명 우리 통영지역은 바다라는 자연조건의 영향으로 문화·예술인들이 많이 탄생되었다고 할 수 있을 것이다.

통영에서 태어난 유명 예술인들은 연대별로 열거하자면 다음과 같다. 나전칠기 김봉룡(1902), 극작가 유치진(1905), 시인 유치환(1908), 화가 전혁림(1916), 작곡가 윤이상(1917), 작곡가 정윤주(1918), 시조시인 김상옥(1920), 소설가 김용익(1920), 시인 김춘수(1922), 소설가 박경리(1926), 화가 이한우(1927), 아동문학가 주평(1929), 화가 김형근(1930), 옻칠미술가 김성수(1935), 조각가 심문섭(1942) 등으로 일제 강점기 40년 기간에 이들 열다섯 분이 태어났다.

왜 바다와 연관성을 가졌는가? 이분들의 대표작들이 대부분 바다를 주제로 삼았다. 청마 유치환 시인은 〈그리움〉에서 "파도야 어쩌란 말이냐, 파도야 어쩌란 말이냐, 님은 뭍같이 까딱 않는데 파도야 어쩌란 말이냐…"로 아름다운 사랑을 시(詩)로 표현했다.

작곡가 윤이상 선생은 1995년 운명하기 1년 전 마지막 남긴 육성 메시지에서 "나는 통영에서 자랐고…… 그 잔잔한 바다, 그 푸른 물색, 가끔 파도가 칠 때도, 파도 소리는 나에겐 음악으로 들렸고, 그 잔잔한, 풀을 스쳐가는 초목을 스쳐가는 바람도 내겐 음악으로 들렸습니다"라고 고향 땅 바다를 그리워했다.

소설가 박경리 선생의 대표작 〈김약국의 딸들〉에서는 '바다의 어장 사업', '통영 항구' 등 바다가 배경으로 등장하고 있다. 화가 이한우 선생은 소재로 '통영항'을 화폭에 담았고 김형근 화백은 '한려수도'를 대표작으로 남겼다.

심문섭 조각가는 "내 삶의 바닥에는 바다가 있어요. 거기 돛단배 한 척을 띄워 꿈의 항해 일지를 써 내려가는 일, 그게 바로 내 작품"이라고 했다.

이처럼 한국을 대표하는 통영 출신 문화·예술인들은 고향을 떠나 독일이나 서울, 대구, 원주 등지에서 활동을 하며 살았지만, 작품 속에는 오직 통영을 그리워하는 향수가 담뿍 담겨 있다.

유명했던 문화·예술인들이 이제 대부분 작고하고 화가 이한우, 김형근, 김성수, 심문섭 선생이 살아 계신다. 이들 1세대에 이어 문학, 미술, 나전칠기 등에서 2세대 그룹이 열심히 승계를 위한 노력을 하고 있어 다행스럽고 전망이 밝다는 소리들이 나오고 있다.

문화·예술의 산실인 통영 땅에 제2의 전성기가 도래될 수 있도록 13만 6,000 시민 모두가 관심을 가져주었으면 한다.

나의 삶, 나의 꿈
김종부의 인생 이야기

김종부 자전에세이

1쇄 펴낸날 2017년 12월 5일

지은이   김 종 부
펴낸이   오 하 룡

펴낸곳   도서출판 경남
주 소   창원시 마산합포구 몽고정길 2-1
연락처   (055)245-8818~9
이메일   gnbook@empas.com
출판등록 제567-1호(1985. 5. 6.)
편집팀   오태민 심경애 구도희

ISBN 979-11-87958-57-4-03810

ⓒ김종부

＊잘못된 책은 바꿔 드립니다.
＊저자와 협의 인지 생략합니다.

〔값 15,000원〕